Jim Anderson, Bill Stevens:

TRANSZENDENTALE MEDITATION: DAS IST ES!

TM MEDIA SERVICE GMBH
POSTFACH 50 15 45
2000 HAMBURG 50
TELEFON: (040) 890 41 67

ENTSPANNUNG. GESUNDHEIT. LEBENSFREUDE.

TRANSZENDENTALE MEDITATION.

DAS IST ES!

JIM ANDERSON · BILL STEVENS.

Mit einem Vorwort von Dr. med. Desmond Kelly.

Deutsche Erstausgabe.
1. Tausend. 1988.
2.-6. Tausend. 1989.

Umschlaggestaltung: TM MEDIA SERVICE GMBH, Hamburg. Satz: Verlagsintern auf einem Apple Macintosh mit dem Programm "Page Maker". Druck und Buchbindearbeiten: Himmelheber, Hamburg.

ISBN 3-927476-01-3

CIP-Titelaufnahme der Deutschen Bibliothek
Anderson, Jim:
Transzendentale Meditation: Das ist es! : Entspannung, Gesundheit, Lebensfreude / [Jim Anderson ; Bill Stevens]. - Dt. Erstausg., 2. Aufl., 2. - 6. Tsd. - Hamburg : TM-Media-Service, 1989
ISBN 3-927476-01-3
NE: HST

Die Autoren.

Bill Stevens arbeitete für die Zeitungsindustrie in Fleet Street, als er 1971 TRANSZENDENTALE MEDITATION erlernte. Er ließ sich 1973 zum TM-Lehrer ausbilden und hat überall in England und Irland unterrichtet. Außerdem hat er zwei Jahre in Australien verbracht, wo er TM-Institute organisierte und leitete. Bill hat über 1.100 Menschen in TRANSZENDENTALER MEDITATION unterrichtet und an vielen internationalen Lehrgängen teilgenommen. Gegenwärtig hilft er bei der Organisation von TM-Lehrinstituten in Großbritannien und Europa.

Jim Anderson arbeitete für das Königliche Observatorium in Edinburgh, bevor er sich 1975 zum TM-Lehrer ausbilden ließ. Er hat über 700 Menschen in Nordirland in TRANSZENDENTALER MEDITATION unterrichtet und hat während seiner Zeit in Belfast an der Queen's University den Abschluß in theoretischer Physik mit Prädikat erworben. Vier Jahre lang hat er in Deutschland, Indien, den Philippinen und den Niederlanden an internationalen TM-Projekten mitgearbeitet.

Vorwort.

Nicht immer haben wir die Möglichkeit, auf die Ursachen für Stress in unserem Leben einzuwirken oder sie zu verändern. Was wir aber tun können ist, unsere Streßanfälligkeit herabzusetzen. Regelmäßige Entspannung und körperliche Bewegung sind die besten und gleichzeitig die natürlichsten Wege, mit Belastungen und Ärger fertigzuwerden. Menschen unter Stress trinken mehr Alkohol, um sich zu entspannen; sie rauchen mehr, trinken tagsüber mehr Kaffee oder Tee, um auf den Beinen zu bleiben, und müssen dann abends Beruhigungsmittel nehmen, um überhaupt einschlafen zu können. Wenn unser Gehirn auf eine ihm nicht gemäße Weise beansprucht wird, erschöpft es sich, der Schlaf stellt sich nur widerwillig ein, und stattdessen kreisen unsere Gedanken im Kopf herum. Wenn das Gehirn erst einmal die Fähigkeit verloren hat, seine Batterien selber wieder angemessen aufzuladen, kann es nicht mehr richtig arbeiten, und Schlaflosigkeit sowie andere Streßsymptome können sich dann einstellen.

1980 mußte ich feststellen, daß auch ich dem Streß zum Opfer fallen konnte, denn der Beruf eines Arztes bringt ausserordentliche Belastungen mit sich, und die Erkrankungsrate ist hoch. In medizinischen Berufen und in der Geschäftswelt mit ihrem harten Wettbewerb gibt es sehr viele Menschen, die dem sogenannten A-Typ zuzuordnen sind, der charakterisiert wird durch Ungeduld, Aggressivität und Ehrgeiz. Für diese Menschen spielt Zeit eine bestimmte Rolle, sie sind stets in Eile und laden sich zu viele Verpflichtungen auf - ein der Gesundheit äußerst abträglicher Lebensstil!

Sie setzen sich hohe, wenn nicht sogar unerreichbare Normen, und produzieren mehr Adrenalin und andere Streßhormone als B-Typen, was bedeutet, daß ihre Gesundheit schlechter ist. Sie laufen viel eher Gefahr, körperlich und seelisch auszubrennen, noch bevor sie ihre ehrgeizigen Ziele überhaupt erreicht haben.

Wenn Sie zweimal täglich 20 Minuten für TM abzweigen, geben Sie damit Ihrem Gehirn die Möglichkeit, zur Ruhe zu kommen und sich zu erholen. Dann können Sie klarer und positiver denken, werden geistig kreativer und können den Streß, den ein geschäftiges, ausgefülltes Leben mit sich bringt, leichter bewältigen. Sie schlafen nun auch besser. TM wirkt sich direkt auf das Gehirn aus und ist daher mehr als einfach nur eine der üblichen Entspannungstechniken, wie Sie beim Lesen dieses Buches feststellen werden.

Es wird kaum möglich sein, all die positiven Auswirkungen, die für TM angeführt werden, auf einmal zu akzeptieren. Ich schlage daher vor, daß Sie sich selbst auf eine abenteuerliche Reise einlassen und für sich selbst herausfinden, ob TM für Sie das tun kann, was sie für andere getan hat. Wenn das der Fall ist, haben Sie etwas von unschätzbarem Wert dazugewonnen, denn schließlich sind ja Glück und Gesundheit das, was sich die meisten von uns vom Leben wünschen.

Ich bin sicher, daß dieses Buch Ihnen eine große Hilfe sein und Sie an die Schätze heranführen wird, die Sie durch TRANSZENDENTALE MEDITATION entdecken können und die es Ihnen ermöglichen werden, Ihr volles Potential auf einfache, natürliche und mühelose Weise zu verwirklichen.

Desmond Kelly MD, FRCP, FRCPsych.
Medizinischer Direktor, The Priory Hospital, London.
Präsident der International Stress and Tension Control Society, Großbritannien.

Einleitung.

Wer in unserer schnellebigen Welt ein glückliches, erfülltes Leben führen möchte, muß lernen, sein gesamtes Potential zu entfalten, innere Ruhe zu finden und frei von Streß zu bleiben.

Mit Hilfe der TRANSZENDENTALEN MEDITATION kann dies jeder erreichen, da TRANSZENDENTALE MEDITATION die jedem Menschen eigenen, inneren Quellen an Energie, Kreativität und Harmonie erschließt.

Was ist TRANSZENDENTALE MEDITATION? Woher kommt sie? Was geschieht während der TRANSZENDENTALEN MEDITATION? Wie kann man sie erlernen? Welche Vorteile bietet sie? Was sagen die Wissenschaftler dazu? Warum gewährt eine holländische Krankenversicherung TM-Ausübenden einen nicht unerheblichen Rabatt?

Dieses Buch enthält Antworten auf diese und viele andere Fragen. TRANSZENDENTALE MEDITATION entspannt und regeneriert. Ihre Wirkungen wurden von medizinischen Fachleuten und Naturwissenschaftlern gemessen und nachgewiesen. Die Erfolge sind beeindruckend, z.B. Abbau von Streß und Müdigkeit, mehr Energie und bessere Gesundheit, mehr Lebensfreude und ein harmonisches Leben in Familie und Partnerschaft.

TRANSZENDENTALE MEDITATION ist überhaupt nicht schwierig und kann von jedermann ausgeübt werden. Weder müssen Sie sich gut konzentrieren können, noch besonders ausgeprägte geistige Fähigkeiten haben. TRANSZENDENTALE MEDITATION ist eine ganz einfache Methode, die sowohl Ihren Geist als auch Ihren Körper in einen Zustand tiefer Entspannung versetzt.

TRANSZENDENTALE MEDITATION wird im allgemeinen täglich praktiziert, etwa zwanzig Minuten morgens und zwanzig Minuten abends. Dabei sitzen Sie bequem und halten Ihre Augen geschlossen.

Wenn Sie TRANSZENDENTALE MEDITATION erlernen, erhalten sie keine lange Liste von Dingen, die Sie tun bzw. lassen müssen. Sie müssen weder Ihre Ernährung umstellen, noch irgendetwas aufgeben. Und niemand wird von Ihnen verlangen, daß Sie eine bestimmte Art von Kleidung tragen.

TRANSZENDENTALE MEDITATION ist weder eine Religion noch eine Philosophie, und auch keine besondere Lebensweise. Sie müssen an nichts glauben. TRANSZENDENTALE MEDITATION ist lediglich eine einfache Methode, die Sie morgens und abends ausüben. Es ist vielleicht eher vergleichbar mit Zähneputzen. Sie putzen sich zweimal täglich die Zähne und denken für den Rest des Tages nicht mehr daran. In ähnlicher Weise praktizieren Sie zweimal täglich TRANSZENDENTALE MEDITATION und gehen ansonsten Ihrem ganz normalen Leben nach. TRANSZENDENTALE MEDITATION gibt Ihrem Leben eine ganz neue Qualität. Sie fühlen sich den ganzen Tag rundherum wohl.

MAHARISHI MAHESH YOGI
Begründer der TRANSZENDENTALEN MEDITATION.

Es war MAHARISHI MAHESH YOGI, der TRANSZENDENTALE MEDITATION aus Indien bei uns im Westen einführte. Er begann bereits vor über dreißig Jahren damit, TRANSZENDENTALE MEDITATION zu lehren. Anfangs reiste er selbst durch das ganze Land, um persönlich zu unterrichten. Bald wurden jedoch überall auf der Welt TM-Lehrinstitute oder TM-Center errichtet und Lehrer aus sämtlichen Ländern der Welt wurden ausgebildet.

Weltweit gibt es mittlerweile mehr als dreieinhalb Millionen Menschen, die TRANSZENDENTALE MEDITATION ausüben.

Zum Beispiel haben in Großbritannien etwa 150.000 Menschen TRANSZENDENTALE MEDITATION erlernt, in Irland mehr als 30.000. In Deutschland sind es 120.000, in Österreich 12.000, in der Schweiz 13.000 und in Italien 25.000. Das Interesse an TRANSZENDENTALER MEDITATION steigt stark an, besonders unter den Ärzten, die erkannt haben, daß TRANSZENDENTALE MEDITATION ein einfaches und ein wirksames Gegenmittel gegen Streß ist.

Kapitel 1:

TRANSZENDENTALE MEDITATION und die Probleme unserer Zeit.

Warum konnte TRANSZENDENTALE MEDITATION so viele Menschen von ihrem Wert überzeugen? Ist TRANSZENDENTALE MEDITATION die Antwort auf ein Problem unserer Zeit?

Was die heutige Zeit von allen anderen Zeiten der Geschichte unterscheidet, ist die Bedeutung von Wissenschaft und Technik. Unsere Epoche ist gekennzeichnet von schwindelerregenden Fortschritten in der Naturwissenschaft und der Technik, die sich ganz entschieden auf unser Leben auswirken.

Wir nehmen heute vieles als gegeben, was noch wenige Generationen vor uns für völlig unmöglich gegolten hätte, wie zum Beispiel Fernsehen, Telefon, Reisen mit dem Flugzeug oder Kunststoff. Von Jahr zu Jahr wächst die Zahl der Neuentwicklungen, auf die wir zurückgreifen können: Taschenrechner, Computer, Videorecorder, Stereoanlagen, Mikrowellenherde.

Eigentlich sollte man annehmen, daß mit dieser Lawine von technischem Wandel die Lebensqualität verbessert würde, und wir alle glücklicher, zufriedener und erfüllter wären. Tatsächlich müssen wir aber feststellen, daß mit zunehmender Geschwindigkeit der Veränderungen und mit zunehmender gesellschaftlicher Komplexität das Leben immer anstrengender wird.

Unser Lebenstempo steigert sich ständig. Das kann natürlich sehr stimulierend und interessant sein. Es bedeutet aber, daß wir mehr Energie, Intelligenz und Kreativität brauchen, um mit diesem Tempo überhaupt mithalten zu können. Es bedeutet, daß unser Glück letztlich von unserer Fähigkeit abhängt, mit dem wachsenden Strom von Herausforderungen, die auf uns einstürmen, fertig zu werden.

Normalerweise reagieren wir auf Herausforderungen entweder mit Angriff oder Flucht. Dabei befinden sich unsere Sinne und allgemeinen Körperfunktionen in Alarmbereitschaft und laufen sozusagen auf Hochtouren. Wenn jedoch dieser Alarmmechanismus zu häufig in Aktion tritt, dann werden die normalen geistigen und körperlichen Funktionen blockiert und Streß wird zum Problem.

Jeder von uns hat auf die eine oder andere Weise schon einmal Streß erlebt. Der Geist arbeitet nicht mehr so klar, der Energiepegel wird niedriger, vielleicht finden wir es schwierig, uns zu entspannen. Ganz allgemein fühlen wir uns einfach aus dem Takt und weder in unserer Haut noch im Zusammenleben mit anderen wohl. Neuer Streß ist dann unvermeidlich und es dauert nicht lange, bis wir ausgebrannt sind. Dann wird uns alles zu viel und die verschiedensten Gesundheitsprobleme stellen sich ein.

Kurz: Wir befinden uns in einem Teufelskreis, solange es uns nicht gelingt, unser natürliches Gleichgewicht, unsere natürliche Energie und unsere natürlichen Fähigkeiten wieder zu erlangen. Es ist ja nicht so, daß Streß irgendwo da draußen auf uns lauert, es ist lediglich unsere Unfähigkeit, mit dem Leben fertig zu werden, die Streß schafft.

In immer jüngeren Jahren sind die Menschen Verschleißerscheinungen durch Streß ausgesetzt. Streß ist heute einer der Schlüsselfaktoren unseres Lebens. Das macht uns unfähig, die positiven Seiten des Fortschritts überhaupt zu genießen. Gibt es nicht eine verschüttete Quelle, die wir entdecken und im täglichen Leben wieder zugänglich machen können, damit die Menschen den Fortschritt und die Herausforderungen, die er mit sich bringt, genießen können, ohne dabei unter Streß zu leiden?

Unsere heutige Gesellschaft bietet für die durch Streß verursachten Probleme keine wirklich wirksame Lösung. Was die Menschen brauchen, das ist der Zugang zu einer Quelle der Energie, Intelligenz, Kreativität und Harmonie. Genau diesen Zugang bietet Ihnen TRANSZENDENTALE MEDITATION und ermöglicht dadurch ein Leben ohne Streß.

Was ist das für eine Quelle? Warum ist sie für jeden zugänglich? Die Antwort liegt sozusagen in der Natur der Dinge und nicht in unserer Gesellschaft oder in der von Menschen geschaffenen Welt.

Die Natur verfügt offensichtlich über ein unerschöpfliches Potential an Energie, Intelligenz, Kreativität und Harmonie. Ob wir Galaxien oder Sterne nehmen, die Erde oder die Ozeane, Bäume, Vögel, Zellen oder Moleküle, überall begegnen wir diesen Eigenschaften im Überfluß.

Aber woher kommen sie?

Die Physik ist mittlerweile die Naturwissenschaft, die am weitestgehenden verfeinert ist. Sie beschäftigt sich mit den mikroskopischen, winzigsten Elementen der Schöpfung und mit der Frage der Entstehung des Universums überhaupt. In den vergangenen Jahren haben viele der führenden Physiker der Welt erkannt, daß all die Geordnetheit und Intelligenz der Natur einer einzigen Quelle entstammen. Sie nennen diese Quelle das "Vereinheitlichte Feld aller Naturgesetze", den gemeinsamen und einheitlichen Ursprung aller Natur, aller Materie und Kräftefelder in der Natur.

Es scheint, daß auf einer sehr elementaren Ebene alles mit allem verbunden ist, und daß das "Vereinheitlichte Feld" der Ursprung der wunderbaren Harmonie und Ordnung ist, die wir überall in der Natur vorfinden.

Die Menschheit sollte diese Urquelle nutzen. Könnte es nicht vielleicht eine "Technik des Vereinheitlichten Feldes" geben? Das würde bedeuten, eine fast undenkbar verfeinerte und komplexe Maschine zu entwerfen.

Glücklicherweise hat die Natur aber dafür gesorgt, daß jeder von uns bereits eine hat, nämlich unser Gehirn. Es ist so, als hätten wir Zugang zu einem kosmischen Computer mit unserem eigenen Terminal bzw. unserer eigenen Verbindung, und wir sind die Operatoren. Das menschliche Gehirn ist unendlich viel ausgeklügelter als jeder bisher gebaute Computer, und es sieht ganz so aus, als wären wir mit seiner Hilfe am ehesten in der Lage, unser gesamtes naturgegebenes Potential zu nutzen, dessen wesentliche Aspekte Kreativität,

Intelligenz und Harmonie sind. Das würde bedeuten, daß jeder ein fast unbegrenztes Potential in sich hat, und die Möglichkeit, dieses zu erschließen.

Niemand hat uns jedoch gelehrt, wie wir dieses Potential nutzen können. Es ist das Potential unseres eigenen Selbstes bzw. unseres eigenen Bewußtseins, das in seinen tiefsten Tiefen mit dem Vereinheitlichten Feld zusammenfällt oder identisch ist. Und eben dieses Wissen hat bisher in unserer Erziehung, unserer Kultur und unserer Gesellschaft gefehlt. Es ist das Wissen der TRANSZENDENTALEN MEDITATION, die eine einfache Methode zur Entfaltung unseres gesamten Potentials bietet.

Kapitel 2:

Unser Potential entfalten.

Es ist allgemein bekannt, daß wir nur einen kleinen Teil unseres geistigen Potentials nutzen. Viele Erzieher und Psychologen sagen, daß wir nur etwa 5-10% nutzen. Aber wird es nicht sehr kompliziert sein, unser volles Potential zu entwickeln? Die Antwort lautet: nein; denn TRANSZENDENTALE MEDITATION ist eine ganz einfache, natürliche Technik, die uns den Zugang zu unseren inneren Quellen der Energie, Intelligenz, Kreativität und Harmonie öffnet. Da es sich dabei um innere Quellen handelt, müssen wir lediglich lernen, unsere Aufmerksamkeit nach innen zu lenken.

Normalerweise richtet sich unsere Aufmerksamkeit nach außen - unser Geist ist darauf gerichtet, was um uns herum geschieht. Oder wir sind uns einfach unserer eigenen Gedanken bewußt. Während der TRANSZENDENTALEN MEDITATION ist genau das Gegenteil der Fall. Unsere Aufmerksamkeit kehrt sich nach innen. TRANSZENDENTALE MEDITATION bringt den aktiv denkenden Geist nach und nach dazu, völlig zur Ruhe zu kommen und still zu werden. Die aktiveren Denkebenen werden transzendiert. Deshalb heißt diese Technik auch TRANSZENDENTALE MEDITATION. Es ist eine äußerst entspannende, harmonische und regenerierende Übung.

Die ruhigeren Ebenen des Denkens sind von Natur aus kraftvoller. Wir erhalten Zugang zu tieferen, kreativen Bewußtseinsebenen. Wenn Sie TRANSZENDENTALE MEDITATION regelmäßig ausüben, entwickelt sich systematisch Ihre Fähigkeit, immer mehr von Ihrem geistigen Potential auch zu nutzen.

TRANSZENDENTALE MEDITATION hat eine solch tiefgreifende Wirkung, weil es sich dabei um eine natürliche Methode handelt. Und weil sie natürlich ist, ist sie sehr einfach. Jeder kann sie erlernen und anwenden. Jeder, der dieses Buch lesen kann, kann auch TRANSZENDENTALE MEDITATION praktizieren. Sogar Menschen, die dieses Buch nicht lesen können, können TM ausüben.

Für TRANSZENDENTALE MEDITATION ist keine spezielle Sitzhaltung erforderlich. Sie sitzen dabei einfach ganz bequem und halten die Augen geschlossen. Wenn Sie mit TM anfangen, werden Sie innerlich sehr still, viel ruhiger und entspannter. Der Geist beruhigt sich und wird friedvoller. Trotzdem würden Sie es durchaus noch bemerken, wenn jetzt jemand das Zimmer betreten würde.

Wenn Sie TRANSZENDENTALE MEDITATION ausüben, fallen Sie weder in Trance, noch verlieren Sie die Orientierung oder werden Fatalist. Sie sind sich Ihrer Umgebung und der verstreichenden Zeit durchaus bewußt. Dabei befindet sich aber Ihr Geist in einem sehr tiefen entspannten Zustand der Stille und Ihr Körper entspannt sich zusehends, während sich immer mehr Verspannungen lösen.

Die Wirkung ist absolut tiefgreifend und Menschen, die

TRANSZENDENTALE MEDITATION ausüben, finden sich in allen möglichen Schichten und Berufen - Geschäftsleute, Schüler, Studenten, Arbeiter, Hausfrauen. Sie alle berichten, daß ihr Geist, seit sie mit TM begonnen haben, viel effektiver arbeitet.

Viele Schüler und Studenten erlernen TRANSZENDENTALE MEDITATION, um ihr Gedächtnis zu verbessern. Untersuchungen haben ergeben, daß sowohl das Langzeit- als auch das Kurzzeitgedächtnis sich durch TM verbessert. Die Fähigkeit, Wissen zu speichern, es anzuwenden und es weiterzugeben, wird erheblich verbessert.

Die Schüler haben weniger Probleme mit der Durchsicht ihrer Arbeiten und erzielen daher bessere Prüfungsergebnisse. Sie stehen viel weniger unter Leistungsdruck und Streß. Ihre Aufnahmefähigkeit wird gesteigert, und sie können das erworbene Wissen in kreativerer und geordneterer Weise wiedergeben.

Eine jüngst veröffentlichte Studie wurde am Cranfield Institute of Technology in Bedfordshire durchgeführt und zeigte, daß Studenten, die auf die Abschlußprüfung zugingen und TRANSZENDENTALE MEDITATION erlernt hatten, später bei den Prüfungen deutlich besser abschnitten als ihre nicht meditierenden Kommilitonen.

Vor nicht ganz zehn Jahren wurde in Iowa, USA, eine Schule errichtet, um die Erfolge der TRANSZENDENTALEN MEDITATION in der Schule zu demonstrieren. Vom akademischen Standard her, gehört diese Schule seit vier Jahren zur Gruppe der 10% der besten Schulen Amerikas, und sie ist die beste Schule in Iowa, einem Bundesstaat, der für seinen anspruchsvollen Schulstandard bekannt ist.

Schüler dieser Schule haben auf Wissenschaftsmessen und Ausstellungen, sowie in Mathematik-, Gedicht- und Kunstwettbewerben zahlreiche Auszeichnungen auf nationaler Ebene erhalten. Und dies trotz einer offenen Aufnahmepolitik, wenn man sie mit den restriktiven Aufnahmebedingungen anderer hoch angesehener Schulen vergleicht.

Was jedoch Besucher dieser Schule am meisten beeindruckt, ist die offensichtliche Zufriedenheit und Gelöstheit von Lehrern und Kindern, und wie offensichtlich sie Spaß am Lernen haben, das völlig mühelos wird, wenn der Kreativität freier Lauf gelassen wird, es keinen Streß gibt.

Eine vergleichbare Schule wurde kürzlich in Großbritannien in Lancashire errichtet und die Eltern sind von den bisherigen Ergebnissen begeistert. Ähnliche Bestrebungen bestehen in anderen europäischen Ländern. Auch in Deutschland ist eine solche Schule in Vorbereitung.

Hausfrauen schätzen am meisten den Energiegewinn und die Ruhe, die man durch TRANSZENDENTALE MEDITATION bekommt. Der ganze Alltagsärger, mit dem sie sich täglich herumschlagen müssen, kann sie dann nicht mehr so leicht aus der Ruhe bringen, und daher können auftretende Probleme viel effizienter und leichter bewältigt werden.

Es ist ja nicht etwa so, daß wir Problemen gleichgültig gegenüberstünden. Wir sitzen nicht einfach da, meditieren und denken "Eigentlich sollte ich ja einkaufen oder etwas arbeiten, aber was soll`s. Lieber entspanne ich mich und lasse

Arbeit Arbeit sein". Wir werden durchaus nicht lethargisch oder apathisch, ganz das Gegenteil ist der Fall.

Weil der Geist klarer wird, weil das Denken in geordneteren Bahnen verläuft, weil wir uns leichter konzentrieren können, werden wir zunehmend dynamischer. Wir können den Alltag viel besser bewältigen und bekommen unsere Arbeit viel müheloser erledigt. Das Ergebnis ist mehr Zeit, Energie und Vitalität, um ein erfülltes Leben zu genießen.

Geschäftsleute berichten zum Beispiel, daß ihr Denken viel effizienter geworden ist, und daß sie sich länger konzentrieren können. Sie können nun ihren Geist mehr auf die gerade anfallenden Aufgaben richten. Obwohl sie eindeutig pro Tag zweimal zwanzig Minuten verlieren, scheinen sie nun mehr Zeit zu haben.

Viele Firmen haben TRANSZENDENTALE MEDITATION sowohl in ihren Führungsetagen als auch bei ihrer Belegschaft eingeführt und festgestellt, daß sich die Leistungen verbessert haben.

Menschen, die kreativer, intelligenter, gesünder und dynamischer sind, nützen natürlich einem Unternehmen mehr. Die Produktivität steigt, Fehlzeiten werden geringer und die Zusammenarbeit wird verbessert. Der Wert von TRANSZENDENTALER MEDITATION für Firmen und Unternehmen ist weltweit erkannt worden.

Das Washington Business Journal vom 27. Januar 1986 begann einen Artikel über TRANSZENDENTALE MEDITATION mit den Worten "Die amerikanische Geschäftswelt entspannt sich mit TM..."

In den letzten paar Jahren hat TM in der schwer arbeitenden und allgemein konservativen Geschäftswelt Washingtons Fuß gefaßt.

Untersuchungen neueren Datums, die kürzlich in einer Chemiefabrik in Detroit, USA, durchgeführt wurden, erbrachten über einen Zeitraum von drei Jahren bemerkenswerte Ergebnisse. In dem Maße, in dem immer mehr Angestellte mit TRANSZENDENTALER MEDITATION vertraut wurden, sanken die Fehlzeiten um 82%, während der Gewinn um mehr als 500% anstieg.

Auch in Japan hat man erkannt, wie wertvoll TRANSZENDENTALE MEDITATION ist. So heißt es in der Human Potential Ausgabe vom Januar 1986: "Ein neues Buch über TM erobert die japanische Geschäftswelt wie im Sturm. Seit es auf dem Markt erhältlich ist, wurden etwa 4.000 Führungskräfte in dieser Methode unterwiesen...".

Für die Bedürfnisse der Wirtschaft wurde ein spezielles Unternehmens-Programm entwickelt, das sogenannte "Corporate Development Programme" - CDP. Laut der internationalen News Week-Ausgabe (Asien) vom April 1988 haben bisher rund 100 Unternehmen unterschiedlicher Größe und Branchen das CDP eingeführt. Ihre Angestellten können in extra eingerichteten Meditationsräumen morgens und abends TRANSZENDENTALE MEDITATION ausüben. Das internationale Großunternehmen Sumitomo Heavy Industries, Japan, hat mit dem CDP zuerst im Zweigwerk Nagasaki begonnen. Der Direktor der Gesundheitsabteilung, Herr Yoshimasa Funato, sagte dazu: "Wir ließen einige Manager

Erfahrungen mit der Meditation machen. Das Ergebnis war, daß sie von Gesundheitsstörungen, deren Ursache unbekannt war, frei wurden, und sich auch die persönlichen Beziehungen verbesserten. Jetzt meditieren 20-30% der Abteilungs- und Divisionsleiter auf freiwilliger Basis". Europäische Unternehmen folgen den amerikanischen und japanischen Vorreitern. CDP-Trainer sind in Schweden, Deutschland, England, Frankreich und Holland tätig.

Diese Verbesserungen, die TM ausübende Menschen an sich festgestellt haben, scheinen darauf zurückzuführen zu sein, daß das Gehirn geordneter und effizienter arbeitet.

Normalerweise kennen wir drei verschiedene Bewußtseinszustände: Wachen, Schlafen und Träumen. Diese Zustände können von Wissenschaftlern mit Hilfe von EEG-Meßgeräten, die die elektrische Aktivität in verschiedenen Teilen des Gehirns messen, erforscht werden.

Eine groß angelegte Untersuchungsreihe hat ergeben, daß wir uns während der TRANSZENDENTALEN MEDITATION in einem anderen, von den drei bisher bekannten unterscheidbaren, Bewußtseinszustand befinden. Wir nennen dies: das transzendentale Bewußtsein. Es handelt sich dabei um einen ganz besonderen Zustand ruhevoller Wachheit, völlig anders als Wachen, Schlafen oder Träumen, viel belebender und angenehmer. Die physiologische Entspannung ist viel tiefer als während des Schlafes, gleichzeitig weisen EEG-Signale aus verschiedenen Teilen des Gehirns auf größere Geordnetheit und Kohärenz hin, als dies während des Wachens gewöhnlich der Fall ist.

Daraus folgt, daß die Ausübung von TRANSZENDENTALER MEDITATION geordnete und kohärente Denkmuster und so etwas wie eine Resistenz gegen Sorgen und Verwirrungen schafft. Unser Geist ist kreativer, klarer und wacher, wir sind dynamischer und es fällt uns leichter, Dinge erfolgreich anzugehen.

Kapitel 3:

Gesundes Leben ohne Streß.

Heute erlernen mehr Menschen TRANSZENDENTALE MEDITATION wegen ihrer positiven Auswirkungen auf die Gesundheit, als aus irgendeinem anderen Grund.

Wie ist dies in einer Gesellschaft, die einen so fortgeschrittenen medizinischen Standard hat wie die unsere, denkbar? Große Gesundheitsprobleme früherer Generationen wie Pocken, Cholera, Typhus, Tuberkulose und Kinderlähmung wurden durch die Fortschritte in der Medizin und der Hygiene weitgehend bewältigt.

Aber es scheint da ein ernsthaftes Problem zu geben, das in den vergangenen vierzig oder fünfzig Jahren in unserer Gesellschaft mehr und mehr an Boden gewonnen hat, nämlich die Streßepidemie.

Wir haben gesehen, wie wir durch TRANSZENDENTALE MEDITATION Kraft bekommen, mit dem heutigen Leben fertig zu werden, ohne vom Streß zu sehr belastet zu sein. Was aber kann TM tun, wenn wir die gesundheitsschädigenden körperlichen Auswirkungen von Streß bereits am eigenen Leibe spüren?

Es gilt allgemein als anerkannt, daß Streß die Hauptursache für die Gesundheitsprobleme unserer Zeit ist. Die meisten Allgemeinmediziner werden Ihnen sagen, daß neun von zehn Patienten mit streßbedingten Beschwerden zu ihnen kommen, wie Bluthochdruck, nervöse Verspannungen, Migräne, Schlaflosigkeit, Hautprobleme, Asthma, Geschwüre oder Diabetis. Sogar ernsthaftere Beschwerden wie Herzinfarkt, Herzbeschwerden und Krebs stehen häufig in Zusammenhang mit Streß. Streß ist der größte Einzelverursacher all dieser Erkrankungen.

Wenn wir zu einem Arzt gehen und sagen: "Herr Doktor, ich fühle mich sehr gestreßt und ausgepumpt", bekommen wir als erstes den Rat: "Entspannen Sie sich. Machen Sie sich nicht verrückt. Gönnen Sie sich ein bißchen mehr Ruhe". Und dann sagen wir: "Herr Doktor, ich kann mich eben nicht entspannen, deswegen bin ich ja hier". Woraufhin dann unvermeidlich die Antwort kommt: "Also dann nehmen Sie mal diese Tabletten". Und dann verschreibt er vielleicht irgendwelche Beruhigungsmittel, die uns Ruhe und Entspannung bescheren sollen.

Moderne Medikamente spielen in der Medizin eine wertvolle Rolle, aber häufig behandeln sie nur die Symptome, anstatt das Problem zu lösen. Das Problem liegt eben tiefer. Es heißt Streß im System. Und dieser Streß wird durch Beruhigungsmittel lediglich unterdrückt. Und viele dieser Medikamente machen nicht nur süchtig, sondern haben auch die unterschiedlichsten Nebenwirkungen.

Das einzig sichere und wirksame Mittel, um Streß abzustellen, ist tiefe Ruhe, die auf natürliche Weise ohne Medikamente herbeigeführt wird. Je tiefer die Entspannung, desto wirksamer wird dem Streß der Boden entzogen.

Die Erholung, die wir nachts durch Schlaf bekommen, baut oberflächliche Müdigkeit und einen Teil des angestauten Stresses und der angestauten Spannung ab. Bei wirklich tiefgreifendem Streß jedoch, wie er durch Traumata oder durch einschneidende emotionale Erlebnisse ausgelöst wird, oder auch bei Streß, der auf lang anhaltende Sorgen oder Überarbeitung zurückzuführen ist, brauchen wir eine Entspannung, die sehr viel tiefer reicht, als die, die wir in einer Nacht Schlaf herbeiführen können.

Zahlreiche wissenschaftliche Untersuchungen haben deutlich gezeigt, daß der Entspannungszustand, der während der TRANSZENDENTALEN MEDITATION erreicht wird, tiefer ist als jeder andere - sei es schlafend im Sessel zu sitzen oder auch entspannende Musik zu hören oder irgendeine sonstige Form der Entspannung.

Die regelmässige Erfahrung dieser tiefgreifenden Erholung während der täglichen TM-Übungen reicht aus, um auch den tiefsitzendsten Streß abzubauen. Eingehende Untersuchungen haben gezeigt, daß Menschen, die an ernsthaften Streßbeschwerden leiden, deutliche Verbesserung bzw. Linderung erfahren, wenn sie TRANSZENDENTALE MEDITATION erlernen.

Wenn wir sehr müde, verspannt und gestreßt sind, hat dies Auswirkungen auf unsere Lebensqualität. Menschen, die TRANSZENDENTALE MEDITATION praktizieren, stellen fest, daß sich ihr gesundheitlicher Zustand bessert. Sie werden vitaler, haben mehr Kraft und Energie.

Eine Studie der schwedischen Regierung hat ergeben, daß

sich die Einweisungen in psychiatrische Behandlungseinrichtungen in Schweden, die zwischen 1972 und 1974 für die allgemeine Bevölkerung bei 1 aus 20 lagen, bei Menschen, die TM praktizierten, bei 1 aus 3.500 betrugen.

Wenn man dies im Zusammenhang zu früheren Forschungsunterlagen sieht, die ausgeprägte Besserung bei Depressionen, Angstzuständen etc. angaben, bestätigt diese Studie die Bedeutung von TRANSZENDENTALER MEDITATION bei der Vorbeugung gegen psychische Erkrankungen.

Untersuchungen haben ferner ergeben, daß das Immunsystem gestärkt wird. Das bedeutet, daß sogar Grippen, Erkältungen und ähnliche Erkrankungen seltener auftreten. Nur wenn wir müde und abgespannt sind, werden wir anfällig für diese Krankheiten.

So liegt vielleicht die wichtigste Wirkung der TRANSZENDENTALEN MEDITATION in der Vorbeugung gegen Gesundheitsschäden.

Der größte Krankenversicherer Hollands, "Das Silberne Kreuz" ("Het Zilverer Kruis") mit über 750.000 Versicherten, bietet jetzt für die, die TM praktizieren, eine dreißigprozentige Beitragsermäßigung an. Die höchste Ermäßigung, die sie sonst irgendwelchen anderen Gruppen anbieten, liegt bei 15%.

In Japan unterstützt die Krankenversicherungsvereinigung der Sumitomo Schwerindustrie (Sumitomo Heavy Industries, 50.000 Beschäftigte) die Einführung von TM in sieben von neun Abteilungen.

Tausende von Ärzten weltweit, die TRANSZENDENTALE

MEDITATION praktizieren und empfehlen, sind Mitglieder der "World Medical Association for Perfect Health". Sie werben dafür, daß TM in die Krankenversicherung aufgenommen wird. Auf der Grundlage der US-Krankenversicherungsstudie haben sie für England z.B. eine jährliche Einsparung von bis zu 500 Pfund pro Familie vorausgesagt.

Ärzte empfehlen TM, weil sie festgestellt haben, daß es eine sichere, wirksame und verläßliche Methode ist, die zudem von angemessen ausgebildeten Lehrern leicht erlernt werden kann.

Kapitel 4:

Ein harmonisches und glückliches Leben.

Wenn wir regelmäßig TRANSZENDENTALE MEDITATION praktizieren, wird unser Geist klarer und unsere Konzentrationsfähigkeit besser. Das kommt daher, daß wir im Laufe des Tages weniger gestreßt werden, weniger ermüden. Außerdem werden wir kreativer und vitaler. Dies führt wie nebenbei dazu, daß wir uns glücklicher und zufriedener fühlen, das Leben mehr genießen, auf die Menschen in unserer Umgebung positiver wirken. Freunde, die Familie und Kollegen beginnen zu bemerken, daß wir entspannter sind, und daß wir umgänglicher geworden sind.

Niemand kann ganz für sich allein leben, ganz gleich wie menschenscheu wir sind. Wir müssen mit anderen Menschen leben und umgehen. Von der Kindheit bis ins hohe Alter haben Menschen eine Vielzahl von Beziehungen. Es findet eine ständige Interaktion statt. Diese Interaktion macht aus Einzelnen die Gesellschaft. Die Lebensqualität in einer Gesellschaft, ob das Leben als erfolgreich und glücklich empfunden wird, hängt von der Lebensqualität der sie bildenden Individuen ab.

Das Leben ist so, wie wir sind - jeder kann dies an eigenen Erfahrungen nachvollziehen. Wenn wir gereizt sind, ganz gleich, mit wem wir es dann zu tun haben, oder was wir zu tun haben, projizieren wir häufig unsere Gereiztheit auf unsere Umgebung. Wir reagieren überempfindlich, nur weil wir unter Streß stehen, und sagen oder tun Dinge, die wir hinterher bereuen.

Wenn wir mit jemandem arbeiten, der stark unter Streß steht, der oft ärgerlich, schlecht gelaunt oder einfach reizbar ist, so kann diese Gesellschaft die interessanteste, schönste Arbeit zu einer unangenehmen Pflicht werden lassen.

Ebenso gilt aber auch das Gegenteil. Wenn wir mit jemandem arbeiten, der glücklich und erfüllt ist, der dynamisch, großzügig und positiv ist, dann empfinden wir die Arbeit sogar dann als angenehm, wenn sie eigentlich schwierig und ermüdend ist.

Was wir sind, strahlen wir aus. Es teilt sich in dem, was wir sagen und was wir tun mit. Unsere Einstellung wirkt unablässig auf unsere Umgebung ein. TM führt auf ganz natürliche Weise dazu, daß sich unsere Haltung auflockert, daß wir positiver werden und wirken.

Da wir mit uns selbst mehr in Harmonie leben, werden wir zwangsläufig toleranter und verständnisvoller.

Die Welt ist so, wie wir sind. Wenn wir eine positive Ausstrahlung haben und im Umgang mit anderen harmonisch sind, dann strahlt diese Positivität und Harmonie aus unserer Umgebung auf uns zurück. Alles hängt von unserer Fähigkeit zu geben ab. Unser Glück hängt allein davon ab, wieviel Liebe und Großzügigkeit wir in uns haben.

Wenn wir ausgelaugt, voller Ängste und Spannungen sind, krampft sich unser Herz zusammen. Es grenzt einfach das Maß an Liebe ein, das wir zu geben imstande sind. Wir geben mehr, wenn wir uns wohl fühlen. TM erweitert die Fähigkeit des Einzelnen zu geben und großzügig zu sein. Das ist die Grundlage für erfüllte zwischenmenschliche Beziehungen.

Ein typisches Beispiel für die positiven Auswirkungen von TM auf das Familienleben ist die Geschichte einer Londoner Familie, wie sie hier von ihrem TM-Lehrer erzählt wird:

"Vor einigen Jahren unterrichtete ich an einem der Londoner TM-Institute. Eines Tages kam ein Mädchen zu uns, um sich über TRANSZENDENTALE MEDITATION zu informieren. Sie war etwa 15 Jahre alt und wollte TM erlernen, weil sie Probleme zu Hause und in der Schule hatte. Nachdem sie die Zustimmung ihrer Eltern erhalten hatte, kam sie in dieser Woche in unseren TM-Kurs.

Sie war ein sehr stilles Mädchen, ein bißchen schüchtern sogar. Innerhalb von einigen Tagen fiel es jedem in der Gruppe auf, wieviel fröhlicher und sicherer sie jetzt wirkte. Offensichtlich bekam ihr TM außerordentlich gut und das zweimal tägliche Meditieren machte ihr auch Spaß. Sie kam sogar zum nächsten Einführungsvortrag ins Institut und brachte ihre zwei Brüder mit. Einer 16 und der andere 19 Jahre alt. Beide erlernten dann ebenfalls TM.

Einer der beiden ging noch zur Schule, der andere arbeitete bereits. Der Junge, der arbeitete, sagte, es falle ihm nun viel leichter, morgens aufzustehen, weil er sich viel ausgefüllter fühlte. Der Junge, der noch zur Schule ging, sagte uns, daß er sich im Unterricht viel besser konzentrieren könne und die Schule nun als viel weniger langweilig und viel angenehmer empfinde.

Etwa eine Woche danach brachten sie auch ihre Mutter mit. Ich erinnere mich noch daran, daß sie stark unter Streß stand. Eine nette, sympathische und freundliche, aber sehr angespannte Frau.

Sie sagte zu mir: "Also ich könnte TM nie lernen. Ich kann nicht einmal zwanzig Minuten still sitzen, von zwanzig Minuten Meditation ganz zu schweigen". Worauf ich ihr antwortete: "Wissen Sie, wenn Sie sich entspannen müßten, um TM zu lernen, dann würde es sich tatsächlich nicht lohnen, daß Sie damit anfangen".

Jedenfalls lernte auch sie es zu meditieren und natürlich klappte es sehr gut. Weil sie so unter Anspannung gestanden hatte, war sogar der Kontrast zwischen der Zeit, bevor sie TM erlernt hatte, und der Zeit danach sehr deutlich. Ich erinnere mich, wie sie zu mir sagte "Ich schlafe jetzt nachts viel besser. Ich bekomme nicht mehr so häufig Migräne und fühle mich besser". Und einer der Jungen nahm mich bei einem Erfahrungsgespräch beiseite und sagte zu mir "Mama ist in letzter Zeit viel umgänglicher".

Eine oder zwei Wochen später kamen dann auch Vater und Großvater. Der Großvater war bereits in den achtzigern und ohnehin ein relativ entspannter Typ.

Die harte Nuß in der Familie war der Vater, der sehr skeptisch war, schon fast zynisch. Er sagte mir, der einzige Grund, warum er mit TRANSZENDENTALER MEDITATION anfange sei, daß ihn die anderen einfach nicht in Ruhe gelassen hätten. "Friß oder stirb", sagte er.

Im Institut gab es einen großen Wälzer über wissenschaftliche Untersuchungen zu TM. Er vertiefte sich etwa 10 Minuten in dieses Buch, dann drehte er sich zu mir um und sagte: "Es ist einfach Selbstsuggestion. Statistiken können Sie immer genau so hindrehen, wie Sie es möchten."

Ich sagte zu ihm: "Es ist völlig egal, ob Sie daran glauben oder nicht. TRANSZENDENTALE MEDITATION wirkt unabhängig davon, ob Sie daran glauben. Sie beruht eben nicht darauf, daß wir uns davon überzeugen, daß es funktioniert. Sie ist einfach eine bestimmte Technik. Es ist, wie wenn Sie essen. Sie können sich zu Tisch setzen und sagen "Ich glaube nicht an Mineralien oder Vitamine, ich mag einfach den Geschmack". Um das, was wir aus der Nahrung brauchen, zu bekommen, müssen wir einfach essen. Und alles, was wir tun müssen, um die positiven Wirkungen der TRANSZENDENTALEN MEDITATION zu erfahren, ist, es auszuüben." Er war nicht sonderlich überzeugt, aber immerhin: Er machte den Kurs.

Etwa zwei bis drei Wochen danach kam die ganze Familie zu einem der Erfahrungsgespräche ins TM-Institut zusammen mit den jüngsten Kindern im Alter von zehn und zwölf, die TM auch erlernt hatten.

Sie alle versicherten uns, wie gern sie meditierten, wie gut es ihnen tue, wie sie die Auswirkungen auf die Arbeit und im Familienleben spüren würden usw. Aber ich stellte fest, daß der Vater überhaupt nichts sagte.

Er saß still da mit einem fast steinernen Gesichtsausdruck.

Ich dachte "Oh Gott" und sagte zu ihm: "Na, und wie klappte es bei Ihnen?". Er saß da und es wurde sehr still im Raum. Die ganze Familie drehte sich um und sah ihn erwartungsvoll an. Es war ganz offensichtlich, daß er sich noch nicht geäußert hatte, daß er ein bißchen eine Schau abzog.

Was er sagte, war dann aber ganz interessant: "Bevor meine Familie mit TM angefangen hatte, kam ich nach meinem Arbeitstag um etwa halb sechs nach Hause. Ich war immer ziemlich müde, denn die Arbeit war anstrengend. Und wenn ich dann durch die Haustür trat, war es, als käme ich in ein Irrenhaus.

In einem Zimmer lief der Fernseher, in einem anderen die Stereoanlage. Irgendjemand schrie "Mach den Fernseher leiser, ich muß Hausaufgaben machen". Meine Frau war in der Küche und rief: "Kommt Abendessen, es wird sonst kalt". Die beiden jüngsten stritten sich. Großvater sprach mit niemandem, weil er schlechte Laune hatte. Ich stolperte über irgendein Spielzeug und schrie irgendjemanden an.

Und noch bevor ich recht wußte, was ich tat, war ich dabei, den ganzen Druck, der sich tagsüber angestaut hatte, auf die anderen abzuladen. Wir machten das alle. Wir sind eine ganz normale Familie, wir lieben einander, aber es war absolut unmöglich.

Jetzt komme ich um halb sechs nach Hause, öffne die Tür und es herrscht eine himmlische Ruhe im ganzen Haus, weil sie alle in ihren Zimmern sitzen und meditieren. Manchmal setzen wir uns auch alle zusammen und meditieren gemeinsam. Und nach zwanzig Minuten TM fühlt sich einfach jeder gut, jeder wirkt absolut entspannt. Der gesamte Druck und Streß des Tages sind wie weggeblasen. Jeder benimmt sich zivilisierter, viel umgänglicher und ansprechbarer.

Ich weiß nichts von all diesen wissenschaftlichen Untersuchungen über TRANSZENDENTALE MEDITATION. Wie ich schon sagte, wissenschaftliche Untersuchungen können in jede Richtung ausgelegt werden. Aber meine persönliche Erfahrung war wirklich positiv und es scheint meiner Familie eine Menge gebracht zu haben. Wir führen jetzt ein viel liebevolleres und glücklicheres Familienleben."

Diese typische Geschichte macht deutlich, wie rasch die positiven Auswirkungen von TM von einem Individuum auf andere übergreifen. Der Einzelne ist die Einheit, der Baustein der Gesellschaft. Wenn es uns gelingt, Individuen zu schaffen, die viel glücklicher, viel zufriedener und erfüllter als bisher sind, dann müssen wir doch auch eine Gesellschaft schaffen können, die diese Eigenschaften aufweist.

Kapitel 5:

Eine Welt des Friedens und des Fortschritts.

Viele Organisationen wurden bereits ins Leben gerufen, die versuchen, die Probleme der Welt zu lösen, Probleme im Bereich der Erziehung und Ausbildung, Probleme des inneren und internationalen Friedens.

Es gibt Pädagogen, Politiker, Wirtschaftsfachleute, Gewerkschaftler und eine ganze Reihe nationaler und internationaler Organisationen und Einrichtungen, die sich auf bestimmte Problemstellungen spezialisiert haben und diese angehen. So ziemlich all diese Probleme werden jedoch letztlich vom Menschen verursacht.

Egal in welchem Bereich, sei es Umwelt, internationale Beziehungen oder einfach Nachbarschaft, wir haben es mit einzelnen Menschen zu tun. Um die Welt dynamischer, fortschrittlicher und friedlicher zu gestalten, brauchen wir dynamischere, fortschrittlichere und friedlichere Menschen.

Aus dem, was bisher über TM gesagt wurde, ist bereits klar geworden, daß Menschen, die TM ausüben, weniger streßanfällig und dadurch dynamischer und erfolgreicher werden.

Das Ergebnis ist ein glückliches und zufriedenes Leben, das wiederum die Grundlage für inneren Frieden ist. Es ist der Fortschritt, der den Frieden bringt. Nicht der Frieden, der den Fortschritt bringt.

Es heißt, daß das Ganze immer nur so gut wie seine Teile sei. Ebenso müssen, damit eine Gesellschaft friedlich sein kann, die Menschen in unserer Gesellschaft friedlich sein.

Heißt das, daß jeder TM praktizieren muß, wenn wir eine friedlichere Welt wollen? Glücklicherweise ist es nicht erforderlich, daß jeder einzelne TM erlernt, wenn die Lebensqualität einer Gesellschaft verbessert werden soll.

Selbst wenn nur relativ wenige Menschen TM praktizieren, ist eine positive Wirkung bereits meßbar. Wenn nur ein Prozent, also ein einziger unter hundert Menschen in einer Stadt oder Gemeinde TM erlernt, so genügt das, jeden einzelnen zu beeinflussen. Diese Behauptung ist durchaus haltbar, denn sie stützt sich auf die Ergebnisse von Untersuchungen in Städten, in denen ein Prozent der Bevölkerung TRANSZENDENTALE MEDITATION erlernt hat.

In der ersten Untersuchung über diesen "1%-Effekt" hat man elf Städte, in denen ein Prozent der Bevölkerung TM praktizierte, mit elf Städten verglichen, in denen nur sehr wenige TRANSZENDENTALE MEDITATION erlernt hatten. Die zwei Städtegruppen waren vor Erreichen der 1%-Grenze sehr ähnlich in ihrer Kriminalstatistik, in ihrer Bevölkerungsdichte und in ihrem wirtschaftlichen Hintergrund. Im Verlauf eines Jahres erlebten die Städte, in denen ein Prozent der Bevölkerung TM praktizierte, einen durchschnittlichen Rückgang der Kriminalitätsrate von 16%, verglichen mit den anderen Städten.

Die Verbrechenshäufigkeit ist anerkanntermaßen das Streßbarometer für eine Gesellschaft. Mit zunehmendem Streß steigt die Kriminalitätsrate. Wenn die Atmosphäre in einer Stadt weniger von Streß geprägt ist, sinkt die Kriminalitätsrate.

Es scheint fast so, als ob TRANSZENDENTALE MEDITATION wie ein Kieselstein wirkt, den man in einen See wirft, der kleine Kräusel über die ganze Wasseroberfläche ausschickt. Wenn der Geist bzw. das Bewußtsein des Einzelnen während TM ruhiger wird, beginnt dies, eine beruhigende Wirkung auf das kollektive Bewußtsein der Gesellschaft auszuüben. Wenn ein Prozent der Bevölkerung dies tut, so genügt das bereits, um die ganze Atmosphäre und das Lebensgefühl sämtlicher Menschen in dieser Gesellschaft anzuheben.

Noch deutlicher wird die Wirkung, wenn Einzelne das fortgeschrittene TM-Sidhi-Programm praktizieren, das die positiven Auswirkungen von TM verstärkt. Das TM-Sidhi-Programm besteht aus einer Reihe von Techniken, die unsere natürlichen Fähigkeiten und Fertigkeiten auf sehr ganzheitliche Weise weiterentwickeln und verfeinern. Untersuchungen haben ergeben, daß diese Techniken die Kohärenz unserer Gehirnwellen deutlich steigern. Dies deutet darauf hin, daß verschiedene Teile des Gehirns quasi Hand in Hand arbeiten und daß der Geist bzw. das Bewußtsein äußerst kohärent und geordnet sind.

Wenn große Menschengruppen TM und die TM-Sidhi-Programme zusammen an einem Ort praktizieren, ist es so, als ob man einen Felsbrocken anstatt eines Kieselsteines in einen See werfen würde. Anstatt kleiner Kräusel senden sie riesige Wellen aus. Das bedeutet, daß sogar weniger als ein Prozent in einer Bevölkerung diese positiven Wirkungen hervorrufen können, von denen wir eben gesprochen haben. Diese Möglichkeit ist auch schon in über 30 soziologischen Untersuchungen verläßlich bestätigt worden.

Wissenschaftler haben festgestellt, daß nicht nur die Kriminalitätsrate sinkt, sondern daß darüberhinaus auch sämtliche sonstigen Statistiken, die ein Index für die allgemeine Lebensqualität sind, Verbesserungen aufweisen. Dazu gehören: Unfallhäufigkeit, Krankenhauseinweisungen, Arbeitslosenzahlen und andere wirtschaftliche Indikatoren.

1960 hat MAHARISHI gesagt, wie sich TRANSZENDENTALE MEDITATION auf die Gesellschaft auswirken würde, und diese Wirkung wird nun als MAHARISHI-Effekt bezeichnet. Im Jahre 1975, kurz bevor dieser Effekt zum ersten Mal von Wissenschaftlern bestätigt wurde, wies MAHARISHI auf seine entscheidende Bedeutung hin: "Durch das Fenster der Wissenschaft sehen wir ein neues Zeitalter aufgehen."

Er nannte es das "Zeitalter der Erleuchtung", ein Zeitalter, in dem neben Wachstum, Erfüllung , Glück und Zufriedenheit vorherrschen, und nicht Probleme, Angst, Krankheit, Unzufriedenheit. Ein solches Zeitalter kann erreicht werden durch die positive Wirkung, die TM ausübende Menschen in ihrer Umgebung auslösen können.

Man hat also festgestellt, daß eine ausreichend große Anzahl von Menschen an einem Ort der Welt, die TM oder das fortgeschrittene TM-Sidhi-Programm praktiziert, weltweite Wirkungen erzeugt, weil dadurch Streß abgebaut und Kohärenz und Harmonie im kollektiven Bewußtsein der Welt erhöht werden.

Dies wurde erstmals festgestellt während eines sorgfältig kontrollierten Experimentes in den USA, an dem 1983 über 7.000 Menschen aus 50 Ländern über einen Zeitraum von drei Wochen teilnahmen. Es war vorausgesagt worden, daß dieses Experiment zu einer unverzüglichen Verbesserung der Lebensqualität in der gesamten Welt führen würde, indem es eine Atmosphäre des Vertrauens und des Optimismus schaffen würde.

Wissenschaftlern, die Weltereignisse und Trends und internationale Konflikte in der Weltwirtschaft beobachten, fielen im Vergleich zu vorhergehenden Zeiten viele signifikante Verbesserungen auf, die dann wieder verschwanden, nachdem das Experiment vorüber war. Der gegenwärtige Plan der TM-Organisation geht dahin, an einem bestimmten Ort der Welt eine Gruppe von 7.000 Menschen einzurichten, die diese Wirkung ständig hervorrufen kann.

Vielleicht fragen Sie sich, wie denn eine simple Technik solche weitreichenden Auswirkungen haben kann. Die Antwort ist natürlich die, daß wir während TM etwas sehr Tiefgreifendes und Fundamentales tun. Wir treten in Kontakt mit den tiefsten Schichten in uns, mit unserem inneren Selbst.

Es ist, wie wenn ein Gärtner die Wurzeln der Pflanzen

bewässert. Diese eine doch so einfache Handlung sorgt dafür, daß jeder Teil der Pflanze Nahrung erhält. Auf eben diese Weise sorgt die TRANSZENDENTALE MEDITATION, ausgehend von dieser Ebene, auf der alles miteinander verbunden ist, für die Versorgung und die Harmonisierung sämtlicher Aspekte unseres Lebens.

Auf dieser fundamentalen Ebene bilden Mensch und Natur eine Einheit, ein Feld reiner Intelligenz, das von den modernen theoretischen Physikern als das" Vereinheitlichte Feld aller Naturgesetze" beschrieben wird. Dies würde die, von Wissenschaftlern festgestellten, tiefgreifenden Wirkungen erklären. Wir sind daher in der letzten Zeit dazu übergegangen, diese einzigartige Methode zur Entfaltung des vollen geistigen Potentials als "MAHARISHI-Technik des Vereinheitlichten Feldes" zu bezeichnen.

Für das Individuum ist es so etwas wie ein technisches Rüstzeug des Bewußtseins: Eine einfache Methode, das volle geistige Potential zur Entfaltung zu bringen.

Und es ist auch ein technisches Rüstzeug für Frieden und Fortschritt in der Welt. Jeder einzelne, egal wer, kann jetzt einen bedeutenden Beitrag zum Weltfrieden leisten.

Kapitel 6:

Wie erlernen Sie TRANSZENDENTALE MEDITATION?

TM ist nichts weiter als eine bestimmte Technik. Sie müssen nicht daran glauben, damit sie funktioniert, und es dauert auch nicht lange, es zu erlernen. Sie ist weder eine Form der Selbstbeeinflussung noch des positiven Denkens. Und sie funktioniert auf eine ganz einfache Weise.

Wir alle können an uns selbst feststellen, daß unser Geist für gewöhnlich sehr aktiv und voller Gedanken ist. Die Gedanken scheinen in einem nie abreißenden Strom durch unser Gehirn zu ziehen. Was wir brauchen, ist irgendeine Methode, um den Geist nach innen zu richten. Dann kommt er ganz automatisch zum Stillstand. Sobald die Aufmerksamkeit nach innen gerichtet ist, beginnt der Geist automatisch sich zu beruhigen und die Denkvorgänge laufen auf immer subtileren Ebenen ab.

Dieser Vorgang der immer subtileren Denkebenen bis zu einer Ebene völligen in sich Ruhens wird "transzendieren" genannt, und es handelt sich dabei um eine absolut naturgegebene, menschliche Fähigkeit. Wenn man es einmal erlernt hat, ist es leicht zu praktizieren. Es ist ungefähr so wie Fahrrad fahren - einmal gelernt, nie mehr vergessen.

MAHARISHI beschreibt es folgendermaßen: "Das Wesen der TM-Technik besteht in der spontanen Beruhigung bzw.

Verfeinerung der geistigen Aktivität. Es handelt sich dabei um eine Methode, die uns zu den Quellen unserer Gedanken, in das Feld der reinen kreativen Intelligenz führt, und das ohne Anstrengung und Schritt für Schritt. Ganz automatisch, auf natürliche Weise und sehr spontan wird die geistige Aktivität immer mehr verfeinert bis unser Geist schließlich in einem Zustand völliger Inaktivität zur Ruhe kommt, wobei jedoch das Bewußtsein voll erhalten bleibt. Die bewußten Ebenen unseres Geistes erreichen die Ebene der reinen Bewußtheit. Das ist die Technik der TRANSZENDENTALEN MEDITATION.

Das Wissen der TRANSZENDENTALEN MEDITATION ist von Generation zu Generation über Tausende von Jahren hinweg überliefert worden und geht auf eine Schrift namens Veda zurück. Veda ist ein altes Sanskrit-Wort und bedeutet Wissen. Der Zweck der vedischen Tradition besteht darin, das Wissen darüber und wie man sein Bewußtsein weiterentwickelt und das volle Potential des Lebens entfaltet, zu bewahren.

MAHARISHI hat dieses Wissen von seinem Lehrer Guru Dev übernommen. Es ist das Verdienst von Guru Dev, daß die gesammelten Veda-Weisheiten den Menschen unserer Zeit wieder zugänglich gemacht wurden.

Im Laufe der letzten 25 Jahre hat MAHARISHI persönlich mehr als 15.000 Menschen in einjährigen Vollzeitkursen zu Lehrern für TRANSZENDENTALE MEDITATION ausgebildet. Um die ursprüngliche Wirksamkeit zu bewahren, wird TM immer auf traditionelle Art und Weise gelehrt.

Wenn Sie gern TM erlernen möchten, besteht der erste Schritt darin, einen der Einführungsvorträge, die von TM-Lehrinstituten oder TM-Centern überall angeboten werden, zu besuchen.

Im *ersten Vortrag* werden die positiven Wirkungen von TM, wie sie in diesem Buch dargestellt werden, noch einmal durchgegangen und die Teilnehmer haben Gelegenheit, Fragen zu stellen.

Der *zweite Vortrag* beschreibt ausführlicher, wie TM funktioniert, welche Prinzipien ihr zu Grunde liegen, warum es wichtig ist, sich von ausgebildeten Lehrern unterweisen zu lassen, und inwieweit TM sich von anderen Arten der Meditation und Techniken der persönlichen Weiterentwicklung unterscheidet.

Der nächste Schritt ist ein kurzes *persönliches Gespräch* mit einem TM-Lehrer. Das gibt Ihnen die Möglichkeit, persönliche Fragen anzuschneiden, die Sie eventuell haben, bevor Sie einen Termin für die persönliche Unterweisung vereinbaren.

Bei der *persönlichen Unterweisung* unterrichtet der Lehrer den Schüler in der Ausübung von TM in einer Weise, die auf dessen persönliche Bedürfnisse zugeschnitten ist. Die Unterweisung in TM dauert etwa eineinhalb Stunden und findet für gewöhnlich am Wochenende statt. Sie kommen dann an den drei darauffolgenden Tagen noch je einmal ins Lehrinstitut, um weitere Anweisungen zu erhalten. Jedes dieser Treffem dauert etwa anderthalb Stunden und findet gemeinsam mit anderen statt, die am selben Tag wie Sie selbst

TM erlernt haben. Am Ende dieses Teils des Kurses werden Sie sich in der praktischen Anwendung von TM auskennen und damit vertraut sein.

Dann können Sie an einer umfassenden *Nachbetreuung* teilnehmen, die mit einem Treffen derselben Gruppe, in der Sie TM erlernt haben, beginnt. Solche Zusammenkünfte finden auch weiterhin regelmäßig statt und werden durch persönliche Gespräche mit einem TM-Lehrer ergänzt.

Jedes TM-Lehrinstitut bietet regelmäßige Zusammenkünfte und Kurse für Meditierende an, einschließlich des TM-Sidhi-Programms, das dann die positiven Wirkungen von TM noch verstärkt.

Wenn Sie TM erlernen wollen, sollten Sie auf jeden Fall sicherstellen, daß Sie zu sämtlichen der vier eineinhalbstündigen Treffen auch kommen können. Das heißt zur ersten persönlichen Unterweisung plus der folgenden drei Erfahrungsgespräche an aufeinanderfolgenden Tagen. Die Nachbetreuung ist freiwillig, jedoch sehr zu empfehlen.

Die Kursgebühr richtet sich nach dem Monatseinkommen. Familien und Personen ohne eigenes Einkommen zahlen eine reduzierte Gebühr.

Die Kursgebühr wird erst bei der persönlichen Unterweisung erhoben. Die ersten beiden Vorträge sind kostenlos und unverbindlich.

Die Gebühr schließt eine drei- bis sechsmonatige Nachbetreuung ein. Hierzu gehören: Überprüfung der Meditation und Seminare.

Kapitel 7:

Persönliche Erfahrungen mit TRANSZENDENTALER MEDITATION.

"Ich habe TRANSZENDENTALE MEDITATION gelernt zunächst aus Neugierde, weil mir Bekannte darüber berichtet haben und ich mir eigentlich gar nicht vorstellen konnte, daß es so etwas gibt und daß das funktioniert. Während der TRANSZENDENTALEN MEDITATION erfahre ich tiefe Ruhe im Körper und gleichzeitig zunehmende geistige Stille. Ich fühl mich einfach wach. Es ist ein sehr angenehmes Gefühl, diese Wachheit, und diese Ruhe im Körper."
Rainer Lang, Lehrer.

"Ich erfahre sehr viel Wärme, körperliche Wärme, vor allem in den Beinen und in den Armen, bisweilen auch im Kopf. Es ist ein sehr angenehmes Gefühl, eine sehr tiefe Ruhe und bisweilen auch kommt eine sehr große Freude in mir auf. Auch habe ich zu meinem Studium ganz andere Beziehungen gefunden. Ich nehm es jetzt sehr viel ernster und es gibt mir auch sehr viel mehr, als es mir früher gegeben hat." Michael Fleumayer, Student.

"Wenn ich TRANSZENDENTALE MEDITATION ausübe, erfahre ich sehr viel Glück. Sehr viel Stille, ich komme zu mir. Ja, und in der Schule, wenn man eine Mathearbeit schreibt, dann wird man durch TM ruhiger und kann sich auch besser konzentrieren. Sonya Schirmer, Schülerin.

"Ich hatte kürzlich ein Telefongespräch mit einem alten Schulfreund, den ich schon jahrelang nicht mehr gesehen hatte. Er sagte mir, daß es ihm sehr schlecht ginge. Er habe einen Herzinfarkt erlitten und leide unter Asthmabeschwerden und Angstzuständen.

Da habe ich ihm gesagt: "Lieber Jan, was Dir fehlt, ist die Erfahrung von Transzendenz. Du mußt anfangen zu meditieren". Und er darauf: "So was ähnliches haben mir die Ärzte auch schon empfohlen". Und dann habe ich ihm von TRANSZENDENTALER MEDITATION erzählt ..... .

Als ich ihn vor einigen Tagen wieder traf, verkündete er mir freudestrahlend, daß alle seine gesundheitlichen Probleme wie weggeblasen seien, und er sich ganz hervorragend fühle - seit er mit TRANSZENDENTALER MEDITATION begonnen habe."

Ralf Donder, Werbetexter.

"TRANSZENDENTALE MEDITATION verbessert zunächst einmal den psychischen Zustand, das bedeutet: die Patienten fühlen sich besser, haben mehr Energie, mehr Lebensfreude. Wenn die Leute TRANSZENDENTALE MEDITATION ausüben, dann entspannt sich ja nicht nur der Geist, der in sehr tiefe Ruhe kommt, sondern der Körper geht eben mit, das zeigen die Untersuchungen, die es darüber reihenweise gibt.

Das erstaunlichste Ergebnis ist in der Regel die Beseitigung der Schlafstörung. Sie ist meistens innerhalb von spätestens 6 Wochen beseitigt. Nach einer einzigen Meditation oder nach drei Tagen Meditation können die Leute oft wieder ohne Schlafmittel schlafen. Das zweite ist das Abwehrsystem. Es heißt gewöhnlich, "man nimmt seine Grippe", so im Frühjahr oder im Herbst. Das kann man bei Meditierenden oft nicht mehr bestätigen, da verschwindet diese jährliche Grippe. Oft haben sie nicht mal mehr Schnupfen.

Das dritte, das ich häufig gebessert gesehen habe, ist Migräne. Migräne bessert sich oft oder verschwindet. Schließlich habe ich Erfahrungen positiver Art mit Asthma bronchialis. Asthma wird besser unter der Meditation."

Dr. med. Mathias Kossatz, Arzt.

"In unserem Unternehmen durchgeführte Untersuchungen anhand psychologischer Tests haben ergeben, daß sich bei vielen leitenden Angestellten die positiven Züge verstärkt haben, während negative Züge zurückgegangen sind. Sie waren stabiler, hatten sich besser in der Gewalt, konnten sich besser ausdrücken, besser anpassen und waren eher mit sich zufrieden.

Auch gab es deutliche Besserungen bei den Bluthochdruckkandidaten. Ich glaube, daß die Methode der TM in unserer streßgeplagten Gesellschaft eine zunehmend wichtige Rolle bei der Erhaltung der geistigen und körperlichen Gesundheit spielen wird."

Kiyoshige Katoh, Personaldirektor -
SUMITOMO HEAVY INDUSTRIES.

"Von allen Methoden, die ich ausprobiert habe, ist TM die attraktivste, weil sie so einfach ist und die Ergebnisse bereits nach kurzer Zeit des Übens so tiefgreifend und offen-

sichtlich sind. Meine Konzentrationsfähigkeit hat sich verbessert. Ich finde nun schneller Lösungen für meine Probleme, habe mehr Kraft, wenn es darum geht, peinliche oder unangenehme Konflikte oder schwierige Beziehungen zu lösen. Mein Leben ist jetzt viel einfacher und angenehmer." Mart Vilu,
Personaldirektor, VOLVO.

"Als ich mit TM anfing, bemerkte ich sofort Verbesserungen im Training. Ich war ruhiger und entspannter und doch gleichzeitig energiegeladener, konzentrierter und wacher. Wildwasserkanuslalom ist ein sehr intensiver Sport, und wenn man erfolgreich sein will, spielen viele Faktoren eine Rolle. Man muß ruhig sein, und das inmitten des ganzen Wirbels und Ansturms. Ich habe festgestellt, daß mich TM innerlich ruhig und gleichzeitig entschlossener macht zu gewinnnen. Das verschaffte mir einen deutlichen Wettbewerbsvorsprung.

Meine Reaktionen wurden schneller und die Geist-Körper-Koordination verbesserte sich. Was ich im Training schaffte, fiel mir auch im Wettkampf leicht. Es war sogar so, daß der Wettkampfstress, anstatt mich zu behindern, eher anregend auf meine Leistung wirkte und mich anspornte. Ich wurde einfach ehrgeiziger und wacher und war die ganze Zeit davon überzeugt, daß ich gewinnen würde.

Wenn Du in irgendeiner Sportart erst einmal Spitze bist, hängt eine ganze Menge von Deinem Selbstvertrauen und Deiner Motivation ab. Für mich bestand der größte Gewinn in Verbesserungen in diesen krititschen Bereichen. TM ist einfach ein Muß für jeden, der im Leistungssport an der Spitze bleiben will." Mark Hewitt, zweimaliger Teilnehmer an den Internationalen Wildwasserkanumeisterschaften und fünfmaliger Australischer Meister.

"Ja, der Beruf des Fotographen ist manchmal sehr hart, nicht nur, während ich die Fotos mache, sondern man muß sehr viel organisieren, man hat sehr viele Gespräche zu führen, das ist eine aufregende und sehr schöne, aber auch anstrengende Sache und die Meditation ist dasjenige Element in meinem Leben, was mich zur Ruhe bringt, was den Abstand herstellt. Das hilft einem sehr und das ist auch etwas, was unbedingt zum Erfolg beiträgt. TRANSZENDENTALE MEDITATION ist der Ausgangspunkt, morgens vor der Arbeit und sie ist abends der Ausklang des Tages. Immer ist sie ein Quell der Frische und des Neubeginns.

Meine Frau hat mit der TM angefangen, ist durch mich dorthin gekommen. Und letzlich ist die Meditation auch der Grund dafür, daß wir jetzt verheiratet sind, daß wir so eine schöne und harmonische Ehe führen. Ich glaube, daß Meditation da eine wunderbare Hilfe ist."
Jörg Winde, Fotograf.

"Ich bin in der Wissenschaft tätig und muß im Zweifelsfalle, wenn es das Experiment erfordert, sehr lange im Labor stehen, muß dort bleiben, bis das Experiment fertig ist. Man muß sehr lange konzentrationsfähig sein, damit man den Gang richtig verfolgt und richtig einschätzen kann. TRANSZENDENTALE MEDITATION unterstützt mich bei meinen Pänen in meinem Leben. Sie gibt mir den nötigen

Schwung, um das auch auszuführen, was ich mir vorgenommen habe."
Axel Altmüller, Biologe.

"Ja, den ganzen Tag Kunden am Telefon zu betreuen, ist eine sehr nervenaufreibende Arbeit, und man braucht dazu sehr viel Konzentrationsfähigkeit, Gelassenheit, man muß sich flexibel auf Kundenwünsche einstellen können, und um das alles leisten zu können, ist es wichtig, daß ich innerlich ruhig bleiben kann. Und diese Ruhe und Gelassenheit, die bekomme ich durch die TRANSZENDENTALE MEDITATION." Astrid Schneider, Marketingberaterin.

" Ich habe früher sehr starke Migräneanfälle gehabt. Durch TM wurde das immer weniger. Ich empfinde beim Meditieren sehr viel Ruhe, sehr viel Kraft, sehr viel Stille.Das wirkt sich auf meinen Alltag als Hausfrau und Mutter von drei Kindern so aus, daß ich trotz all der Hektik immer ruhig und ausgeglichen bleibe."
Ute Schirmer, Hausfrau.

"Mit TM hat mein Unternehmen den größten Gewinn seiner 80-jährigen Geschichte erzielt und ist zu einem der gesündesten der Branche geworden

Innerhalb eines Jahres erlernten 73% unserer Angestellten TM in von der Firma angebotenen Kursen - die Fehlzeiten gingen drastisch zurück und sind mittlerweile um 89 % gesunken. Während der letzten drei Jahre, seit 1982, ist die Produktivität um 52 %, der Umsatz um 120 % und die Gewinne um 520 % gestiegen. Wir befinden uns sozusagen in einem Dauerhoch.

Mit TM haben Sie ein ganz simples Programm - Sie drücken praktisch nur einen einzigen Hebel und erzielen damit Verbesserungen in sämtlichen Bereichen Ihres Unternehmens." R.W. Montgomery jr. Generaldirektor - H.A. MONTGOMERY CO., Detroit.

"Die Ausübung der TRANSZENDENTALE MEDITATION ist an sich bereits angenehm, aber die guten Wirkungen kommen eigentlich hinterher.

Meine Konzentrationsfähigkeit hat sich verbessert, ich habe unglaublich viel Energie und kann ohne müde zu werden,viele Stunden körperlich hart arbeiten. Ich besitze inzwischen ein Organisationstalent, das ich mein ganzes Leben nicht hatte.

Ich fühle mich gelassener und toleranter, und doch bin ich zu all den normalen Gefühlen fähig. Der Unterschied liegt darin, daß ich jetzt meinen Ärger und meine Frustration zu kontrollieren imstande bin und auch eine Lösung finden kann." John Harding, Journalist.
THE SUNDAY TIMES MAGAZINE.

Kapitel 8:

Fragen und Antworten.

F: Was leistet TM?

A: Wir machen TM, weil es sehr praktische Vorteile bietet. TM verjagt Müdigkeit und Streß und gibt uns Energie und einen klaren Kopf. Sie ist ein einfacher Weg, unsere Batterie jeden Tag wieder neu aufzuladen. Langfristig hilft sie, unsere natürliche Kreativität und Intelligenz sich entfalten zu lassen.

F: Was geschieht während TM?

A: Wir stellen einfach fest, daß der Geist ruhiger und stiller wird, daß der Körper sich immer tiefgreifender entspannt. TM ist einfach und angenehm.

F: Muß man entspannt sein, um TM zu praktizieren?

A: Nein. Man kann TM sogar praktizieren, wenn man sich gerade in einem sehr erregten Zustand befindet. TM funk-tioniert unabhängig davon, wie wir uns gerade fühlen. Sie ist unabhängig von unseren Stimmungen und Gefühlen.

F: Muß ich irgendetwas aufgeben oder meine Ernährung umstellen?

A: Nein. Es besteht absolut keine Notwendigkeit, Ihre Ernährung oder Ihren Lebensstil umzustellen. Wir meditieren einfach zweimal pro Tag und führen ansonsten unser Leben wie zuvor.

F: Ich lebe in einer sehr lauten Umgebung. Wird mich das davon abhalten, TM zu praktizieren?

A: Lärm ist kein Hindernis, wenn Sie TM praktizieren wollen. Alles, was Sie brauchen, ist ein Ort, wo Sie sich hinsetzen und die Augen schließen können. TM funktioniert automatisch, unabhängig von Ihrer Umgebung. Sie können praktisch überall meditieren, im Zug, im Flugzeug, im Bus, ja sogar auf einer Parkbank.

F: Ist TM eine Religion?

A: Nein. Sie ist einfach eine praktische Methode. Wenn Sie einer Reliogion anhängen, wird TM Ihnen helfen, tiefer in diese Religion einzudringen. TM ist aber unabhängig von irgendeiner Glaubens- oder Überzeugungsrichtung.

F: Ist TM wie Selbsthypnose?

A: Selbsthypnose beinhaltet immer irgendeine Art von Kontrolle. Während TM jedoch befindet sich das Gehirn einfach in seinem stillsten und entspanntesten Zustand ohne Manipulation und auf ganz natürliche Weise. Wissenschaftliche Untersuchungen, die weltweit durchgeführt wurden, zeigen, daß die physiologischen Veränderungen, die während TM stattfinden, und die zahlreichen positiven Auswirkungen, die diese auslösen, einzigartig sind, und TM ganz eindeutig von der Selbsthypnose abheben.

F: Inwieweit ist TM mit anderen Arten der Meditation vergleichbar?

A: Andere Arten der Meditation beinhalten irgendeine Art von Kontrolle, die über den Geist ausgeübt wird. Sei es durch Konzentration oder durch Kontemplation. TM ist einfach zu erlernen, ohne Probleme zu praktizieren, es verlangt weder Konzentration noch Kontemplation. Ausgedehnte Untersuchungen, in denen TM mit anderen Meditations- und Entspannungstechniken verglichen wurde, zeigen, daß die positiven Auswirkungen von TM sehr viel weitreichender und tiefgreifender sind.

F: Muß ich an TM glauben, damit es funktioniert?

A: TM ist eine Technik und funktioniert ganz unabhängig davon, ob wir daran glauben oder nicht. Es ist ungefähr so wie essen. Wir müssen nicht an die Vitamine, Proteine und Mineralien im Essen glauben, damit sie uns gut tun. Wir müssen sie nur einfach zu uns nehmen. Und um in den positiven Genuß der Auswirkungen von TM zu gelangen, müssen wir einfach zweimal pro Tag meditieren.

F: Wie wichtig ist regelmäßiges Meditieren?

A: Die positiven Auswirkungen vom TM entstehen kummulativ. Um gute Fortschritte zu gewährleisten, muß man regelmäßig zweimal pro Tag etwa 15-20 Minuten lang meditieren.

F: Kann man TM erlernen, indem man ein Buch liest

oder eine Cassette hört?

A: Obwohl TM universal ist und von jedem erlernt werden kann, müssen wir persönlich in die Technik eingeführt werden. Und zwar deshalb, weil jeder von uns ein einzigartiges Individuum ist und seinen ganz persönlichen Zugang zu TM finden und seine persönlichen Erfahrungen unter der Aufsicht eines ausgebildeten Lehrers machen muß. Das wäre aber unmöglich, wenn Sie ein Buch lesen oder Anweisungen auf einer Cassette befolgen.

F: Lohnt es sich, TM zu erlernen?

A: TM ist eine Technik, deren Vorteile wissenschaftlich hinlänglich nachgewiesen wurden. Sie kann Streß abbauen, die Gesundheit verbessern, uns mehr Energie und Kreativität geben, und uns helfen zu erreichen, was wir im Leben erreichen möchten. Bei nur 15-20 Minuten zweimal pro Tag sind die positiven Wirkungen unschätzbar. Die am weitesten verbreitete Bemerkung von Leuten, die gerade TM erlernt haben, ist die, daß Sie wünschten, Sie hätten schon viel früher damit angefangen.

F: Wie rasch sind von TM Ergebnisse zu erwarten?

A: Die meisten Menschen stellen bereits wenige Tage nach Beginn positive Auswirkungen fest. Diese sind von Person zu Person verschieden, aber Untersuchungen haben ergeben, daß positive Auswirkungen sich im Laufe der Zeit kummulieren, je mehr Streß abgebaut wird und je weiter sich unsere natürlichen Fähigkeiten entfalten.

"TM eröffnet unserem bewußten Sein den Zugang zu dem unerschöpflichen Reservoir an Energie, Kreativität und Intelligenz, das tief in jedem von uns liegt. Das ist das Vereinheitlichte Feld aller Naturgesetze, reines Bewußtsein, das der Evolution alles Lebendigen zu Grunde liegt und diese fördert.

TM erschließt die Urquelle des Lebens und ist damit eine einfache Methode, die es jedem einzelnen ermöglicht, ein angemessen menschenwürdiges Leben zu führen, in einer Gesellschaft, in der es keine Probleme gibt und in der Gesundheit, Glück, Zufriedenheit, Frieden und Fortschritt ganz natürlich sind."

MAHARISHI MAHESH YOGI,
Begründer der TRANSZENDENTALEN MEDITATION

Anhang:

Wissenschaftliche Forschung über TM.

Das TM-Programm war während der vergangenen 16 Jahre Gegenstand von mehr als 350 wissenschaftlichen Untersuchungen, darunter viele, die in führenden Publikationen veröffentlicht wurden. Diese Untersuchungen dokumentieren eine weite Palette positiver Auswirkungen von TM auf Geist, Körper, die Einstellung zum Leben und auf die Lebensqualität der Gesellschaft als ganzes.

Physiologische Veränderungen, die während TM beobachtet wurden, weisen auf eine tiefgreifende Beruhigung des Stoffwechsels hin. Tiefer sogar noch als während des Schlafes. Gleichzeitig weist das EEG auf erhöhte Aufmerksamkeit. Diese Untersuchungen setzen den physiologischen Zustand bei TM deutlich von gewöhnlicher Entspannung oder den verschiedenen Schlafstadien ab. Zu den Ergebnissen gehören ein deutlicher Rückgang des Sauerstoffverbrauchs, der Kohlendioxidausscheidung und des Atemminutenvolumens, während der arterielle Partialdruck des Sauerstoffs und des Kohlendioxids normal bleibt. Der Cortisongehalt im Plasma und der Milchsäuregehalt des Blutes - biochemische Indikatoren für Streß und Angst - gehen zurück. Ein weiterer Indikator für tiefe Entspannung ist eine Verringerung der elektromyographischen Aktivität, eine Erhöhung des basischen Hautwiderstandes und weniger spontane Hautfluktuationen.

Neuere Untersuchungen haben auch eine Verlangsamung des Stoffwechsels im Muskelgewebe und in den roten Blutkörperchen ergeben und Licht auf die Mechanismen geworfen, die den physiologischen Veränderungen während der TRANSZENDENTALEN MEDITATION zu Grunde liegen.

Die EEG-Muster deuten sowohl auf eine verringerte Aktivierung als auch auf verstärkte Wachheit während TM und zeigen eine sehr ausgeprägte Erhöhung der Kohärenz an, ein Maßstab für das Maß an Integration zwischen verschiedenen Bereichen der Großhirnrinde. Diese Wirkung ist bei weiterführenden TM-Sidhi-Programmen sogar noch ausgeprägter. Diese neurophysiologischen Veränderungen können im Zusammenhang mit einer starken Erhöhung der Gehirndurchblutung gesehen werden, die während TM stattfindet.

Man hat festgestellt, daß sich bei regelmäßig Meditierenden TM sowohl auf die geistige als auch auf die körperliche Gesundheit positiv auswirkt. Zu den Ergebnissen gehören: Verringerungen von Hauptrisikofaktoren wie Bluthochdruck, Serumcholesterin, Fettleibigkeit, Rauchen sowie Alkohol- und Drogenmißbrauch. Außerdem hat man festgestellt, daß sich TM bei der Behandlung bestimmter Leiden wie zum Beispiel Angina Pectoris, Asthma und Schlaflosigkeit bewährt hat. Man hat herausgefunden, daß die Wirkungen der TRANSZENDENTALEN MEDITATION langfristig stabil sind, und daß keine störenden Nebenwirkungen auftreten.

Sowohl klinische als auch nichtklinische Untersuchungen haben ergeben, daß Angst, Depressionen, Neurosen und psychosomatische Störungen zurückgehen. Verschiedene Untersuchungen haben über einen Rückgang des Bedarfs an verschreibungspflichtigen Medikamenten, insbesondere Schlaf- und Beruhigungsmittel und Antidepressiva berichtet. Eine von der schwedischen Gesundheitsbehörde durchgeführte Untersuchung hat epedemiologische Nachweise über die Sicherheit von TM erbracht und darauf hingewiesen, daß sie deutlich vorbeugende Wirkung gegen psychische Krankheiten hat. Ferner hat man herausgefunden, daß TM sich bei der Wiedereingliederung von Psychiatriepatienten und Straftätern als nützlich erweist.

Zusätzlich zur präventiven therapeutischen Anwendung leistet TM einen wichtigen Beitrag zur allgemeinen Gesundheit. Physiologische Untersuchungen haben zum Beispiel Verbesserungen in der homeostatischen Effizienz, der Fähigkeit, effektiv mit Streß umzugehen, und in den Wahrnehmungs- und motorischen Fertigkeiten gezeigt. Außerdem haben neuere Untersuchungen ergeben, daß TM und das TM-Sidhi-Programm altersbedingte Abbauprozesse der Körper- und Geistesfunktionen verringern oder sogar umkehren können und die Lebenserwartung erhöhen.

Psychologische Untersuchungen haben Intelligenz- und Kreativitätszuwachs, größere emotionale Stabilität und Reife, verbessertes Selbstverständnis, positiveres, soziales, psychologisches zwischenmenschliches Verhalten erbracht. Außerdem hat man herausgefunden, daß TRANSZENDENTALE MEDITATION die akademischen Leistungen und die Zufriedenheit im Beruf sowie die Beziehungen am Arbeitsplatz und in der Partnerschaft verbessert.

Schließlich haben streng kontrollierte Untersuchungen nun wiederholt ergeben, daß die Ausübung der TRANSZENDENTALEN MEDITATION und des TM-Sidhi-Programms, selbst wenn nur ein Bruchteil der Bevölkerung diese ausübt, zur Verbesserung der Indikatoren für kollektive Gesundheit führt, was dann wiederum, um hier ein Beispiel zu nennen, die nationalen und internationalen Beziehungen der Staaten untereinander positiv beeinflussen kann.

Zusammengestellt von Dr. Roger Chalmers, MA, MRCP, Präsident der WORLD MEDICAL ASSOCIATION FOR PERFECT HEALTH, Großbritannien.

Anhang:

Forschungsliteratur.

Abrams, A. and Siegel, L. (1978). The Transcendental Meditation programme and rehabilitation at Folsom State Prison: A cross-validation study. *Criminal Justice and Behaviour* 5 (1): 3-20.

Banquet, J. (1973). Spectral analysis of the EEG in meditation. *Electroencephalography and Clinical Neurophysiology* 35: 141-151.

Bleick, C.R. and Abrams, A.I. (1987). The Transcendental Meditation programme and criminal recidivism. *Journal of Criminal Justice* 15: 211-230.

Cooper, M. & Aygen, M. (1979). A relaxation technique in the management of hypercholesterolaemia. *Journal of Human Stress* 5: 24-27.

Dillbeck, M.C. et al. (1981). The Transcendental Meditation programme and crime rate change in a sample of forty-eight cities. *Journal of Crime and Justice* 4: 25-35.

Dillbeck, M.C. (1982). Meditation and flexibility of visual perception and problem solving. *Memory and Cognition* 10: 297-315.

Frew, D.R. (1974) Transcendental Meditation and productivity. *Academy of Management Journal* 17: 362-368

Gottwald, F.-T., Howald, W.: Selbsthilfe durch Meditation. Gesundheit und Persönlichkeitsentfaltung durch Tiefenentspannung. Landsberg: Moderne Verlagsgesellschaft, 1988.

Jevning, R. et al. (1978). Adrenocortical activity during meditation. *Hormones and Behaviour* 10: 54-60.

Jevning, R. et al. (1983). Metabolic control in a state of decreased activation: modulation of red cell metabolism. *American Journal of Physiology* 245: C457-C461.

Kember, P. (1985). The Transcendental Meditation technique and post-graduate academic performance. *British Journal of Educational Psychology* 55: 164-166.

Orme-Johnson, D. (1987). Medical care utilization and the Transcendental Meditation programme. *Psychosomatic Medicine* 49: 493-507.

Orme-Johnson, D. and Farrow, J.T. (Eds.) (1977): Scientific Research on the Transcendental Meditation programme. Collected Papiers, Volume 1 Rheinweiler, West Germany: MERU Press.

Schneider, R., Cavanaugh, W., and Bonchef, S. (1986). Cost reductions through better health. *Business and Health* November 1986: 39-42.

Shaffi M. et al. (1975). Meditation and the prevention of alcohol abuse. *American Journal of Psychiatry* 131:942-945.

Travis F. (1979). The Transcendental Meditation programme and creativity: a longitudinal study of Cornell University undergraduates. *Journal of Creative Behaviour* 13: 169-180.

Turnbull, M. and Norris, H. (1982). Effects of Transcendental Meditation on self-identity indices and personality. *British Journal of Psychology* 73: 57-69.

Wallace, R. et al. (1972) The physiology of meditation. *Scientific American* 266: 84-90.

Wallace, R. et al. (1982). The effects of the Transcendental Meditation and TM-Sidhi programme on the ageing process. *International Journal of Neuroscience* 16: 53-58.

Wallace, R. et al. (1983). Systolic blood pressure and long-term practice of the Transcendental Meditation and TM-Sidhi programme: Effects of TM on systolic blood pressure. *Psychosomatic Medicine* 45: 41-46.

Wilsen, A. et al. (1975). Transcendental Meditation and asthma. *Respiration* 32: 74-80.

Die DEUTSCHE MERU GESELLSCHAFT unterhält eine umfassende Dokumentation der deutschsprachigen und internationalen Meditationsforschung. Fernleihe ist möglich.

Bitte, wenden Sie sich an:
DEUTSCHE MERU GESELLSCHAFT,
Am Berg 2, D-4516 Bissendorf 2, Telefon: (05402) 88 33.

Nützliche Adressen:

Kurse in TRANSZENDENTALER MEDITATION können Sie im gesamten deutschsprachigen Raum belegen, in Deutschland, in der Schweiz, in Österreich und in Südtirol. Wenn Sie TRANSZENDENTALE MEDITATION erlernen oder auch nur mehr darüber wissen möchten, dann können Ihnen die nachfolgenden Adressen nützlich sein. Dort sagt man Ihnen auch, wo sich das Lehrinstitut in Ihrer Nähe befindet:

TM MEDIA SERVICE GMBH
Postfach 50 15 45, Telefon (040) 890 41 67,
2000 Hamburg 50.

Schweiz.
TM-INFO-SERVICE,
Kapuzinerweg 9, Telefon: (043) 31 39 38,
CH-6006 Luzern.

Nordwestschweiz:
TRANSZENDENTALE MEDITATION
Nordwestschweiz, Im Esterli 5,
Postfach 163, Telefon (061) 49 14 15,
CH-4125 Riehen.

Luzern:

TM-Center Luzern,
Kapuzinerweg 9, Telefon (041) 36 76 69,
CH-6006 Luzern.

Seelisberg:

TM-Akademie Schweiz, Markus Gerber,
Postfach 2, Telefon (043) 31 39 38,
CH-6377 Seelisberg.

Zürich:

TM-Center Zürich, Jürg Wenger,
Zwirner Str. 72, Telefon (01) 481 81 66,
CH-8041 Zürich.

Zürich-See:

TM-Center Zürichsee, Franz Rutz,
Hurdner Str. 20, Telefon (055) 48 39 68,
CH-8640 Hurden / SZ.

Ostschweiz:

TRANSZENDENTALE MEDITATION
Ostschweiz, Beatrice Vogt, Waldhofstr. 16,
Telefon (073) 51 28 12,
CH-9240 Uzwil.

Österreich.

Internationale Meditationsgesellschaft
Österreichischer Verband,
TM MEDIA SERVICE,
Biberstr. 22 / 2, Telefon (0222) 512 78 59,
A-1010 Wien.

TM-Center Oberösterreich, Gretl Wedam,
Graben 21 B, Telefon (0732) 27 86 81,
A-4020 Linz

TM-Center Ried, Dr. Wolfgang Schachinger,
Bahnhofstr. 19, Telefon (07752) 66 22,
A-4910 Ried i.I.

Südtirol.

TM MEDIA SERVICE,
Don Boscostr. 6 / 25, Telefon (0472) 31 841,
I-32042 Brixen-Milland.

Deutschland.

Berlin:

GTM Gesellschaft für TRANSZENDENTALE MEDITATION e.V., Tempelhofer Ufer 23-24,
Telefon: (030) 215 93 24 und 215 93 25,
D-1000 Berlin 61.

Berlin-Dahlem:

TRANSZENDENTALE MEDITATION, Torsten Mahlke,
Schorlemerallee 26, Telefon: (030) 824 22 08,
D-1000 Berlin 33.

Hamburg:

Lehrinstitut für TRANSZENDENTALE MEDITATION,
Preystr. 4, Telefon: (040) 270 06 97,
D-2000 Hamburg 60.

Lüneburg:

TRANSZENDENTALE MEDITATION,
G. Meinheit, Telefon: (04136) 83 10.

Kiel:

TRANSZENDENTALE MEDITATION, Gisela Stricker,
Christianistr. 10-12, Telefon: (0431) 64 622,
D-2300 Kiel.

Flensburg - Schleswig:

Gesellschaft für TRANSZENDENTALE MEDITATION,
Astrita und Buko Hartmann, Kalleby 37,
D-2391 Quern, Telefon: (04632) 74 94.

Lübeck:

TRANSZENDENTALE MEDITATION
Lehrinstitut Lübeck, An der Mauer 142 A,
D-2400 Lübeck, Telefon: (0451) 74 375.

Bremen:

SRM Landesverband Bremen e.V.,
Parkstr. 97, Telefon: (0421) 34 13 14,
D-2800 Bremen.

Norddeutschland:

Akademie für Persönlichkeitsentfaltung,
Ringofenstr. 58, Telefon: (0421) 60 22 16.
D-2820 Bremen-Blumenthal.

Ammerland:

TRANSZENDENTALE MEDITATION
Lehrinstitut Bad Zwischenahn, Hanna Hermanns,
Bloher Landstr. 35 (beim Niedersachsenhus)
D-2903 Bad Zwischenahn, Telefon: (0441) 69 482.

Wittmund:

TM-Center Wittmund, Am Markt 34,
D-2944 Wittmund, Telefon: (04462) 67 89.

Celle:

TRANSZENDENTALE MEDITATION
Lehrinstitut Celle, Herta Reichert,
Südfeld 12, Telefon: (05141) 83 345,
D-3100 Celle.

Bad Sooden-Allendorf:

TRANSZENDENTALE MEDITATION
Lehrinstitut Bad Sooden-Allendorf e.V.,
Am Kirschenrain 8 a, Telefon: (05652) 1800,
D-3437 Bad Sooden-Allendorf.

Düsseldorf:

TRANSZENDENTALE MEDITATION
Lehrinstitut Düsseldorf, Duisburger Strasse 133,
D-4000 Düsseldorf, Telefon: (0211) 49 12 17.

Düsseldorf-Derendorf:

TRANSZENDENTALE MEDITATION,
Erika Ruthenbeck, Frankenstr. 23 (Hof),
D-4000 Düsseldorf 30, Telefon: (0211) 46 64 83.

Mönchengladbach:

TRANSZENDENTALE MEDITATION
D-4050 Mönchengladbach, Telefon: (02161) 39 39 40.

Münster:

TRANSZENDENTALE MEDITATION, Gabriele Hillmann-Westermeier, Telefon: (0251) 89359; Elisabeth Noske, Telefon: (0251) 34544; Sylvia u. Achim Parchow, Telefon: (0251) 273997; Margreth Vollmer, Telefon: (0251) 25271; Altehof 22, Telefon (0251) 619885.
D-4400 Münster.

Osnabrück:
TRANSZENDENTALE MEDITATION
Lehrinstitut Osnabrück,
Grosse Strasse 55, Telefon: (0541) 25 85 25,
D-4500 Osnabrück.

Herne - Wanne-Eickel:
TRANSZENDENTALE MEDITATION
Lehrinstitut Herne - Wanne-Eickel,
Hermann Böse, Gustav Hegler-Ring 37,
Telefon: (02325) 47 329,
D-4690 Herne 2.

Paderborn und Erwitte:
TRANSZENDENTALE MEDITATION,
Eugen Lüchtefeld,
Borchener Str. 4, Telefon: (05251) 72 367,
D-4790 Paderborn
Ritterstrasse 13, Telefon: (02943) 25 46,
D-4782 Erwitte.

Bielefeld:
Zentrum für TRANSZENDENTALE MEDITATION,
Obernstr. 19,
Telefon: (0521) 67 172,
D-4800 Bielefeld.

Köln:
TRANSZENDENTALE MEDITATION
Marita Heckel, Breite Str. 130,
Telefon: (0221) 24 97 71 und 23 19 23,
D-5000 Köln 1.

Aachen:

TRANSZENDENTALE MEDITATION
Lehrinstitut Aachen, Gerhard Steffen,
Elsa-Brandström-Str. 2, Telefon: (0241) 15 12 96,
D-5100 Aachen.

Bonn:

TRANSZENDENTALE MEDITATION
Lehrinstitut Bonn, Jochen Lotz,
Rotkehlchenweg 20, Telefon: (0228) 66 91 19,
D-5300 Bonn 1.

Hagen - Dortmund - Wuppertal:

TRANSZENDENTALE MEDITATION
Lehrinstitut Hagen, Christa Miksch,
Emsterstr. 47, Telefon: (02331) 53 281,
D-5800 Hagen.

Frankfurt:

TRANSZENDENTALE MEDITATION
Institut für Vedische Wissenschaft,
Suzanne Bommersheim, Staufenstr. 36,
D-6000 Frankfurt / M. 1, Telefon: (069) 72 71 93.

Frankfurt:

TM-Meditationspraxis im Westend,
Telemannstr. 22, Telefon: (069) 72 76 72,
D-6000 Frankfurt / M. 1.

Frankfurt 50:

TM-Lehrinstitut Frankfurt 50, Heidrun Nikel,
Schenkendorfstr. 24, Telefon: (069) 52 49 21,
D-6000 Frankfurt 50.

Frankfurt-Nordend:
TRANSZENDENTALE MEDITATION
Lehrinstitut Frankfurt-Nordend, Gerda Wahmhoff,
Friedberger Landstr. 312,
Telefon: (069) 59 62 856 und 59 62 857,
D-6000 Frankfurt-Nordend.

Frankfurt - Bad Homburg:
Praxis Dr. med. Mathias Kossatz,
Wiesenhüttenstr. 17, Telefon: (069) 23 17 50,
D-6000 Frankfurt / M. 1.

Offenbach:
TRANSZENDENTALE MEDITATION, Klaus Zepp,
Luisenstr. 55, Telefon: (069) 88 33 55,
D-6050 Offenbach.

Darmstadt:
Martin Dantzer, Schulstr. 5,
Telefon: (06151) 29 12 85 und (06257) 83 987,
D-6100 Darmstadt.

Wiesbaden:
TRANSZENDENTALE MEDITATION
Lehrinstitut Wiesbaden,
Langgasse 25 (Fußgängerzone),
Telefon: (06129) 89 58,
D-6200 Wiesbaden.

Königstein (Taunus):
TRANSZENDENTALE MEDITATION, Helmut Stein,
Ölmühlweg 7, Telefon: (06174) 23 789,
D-6240 Königstein (Taunus).

Gießen:
TRANSZENDENTALE MEDITATION
Lehrinstitut Gießen, Ederstr. 1,
D-6300 Gießen, Telefon: (0641) 390 387 und 390 340.

Saarbrücken:
TRANSZENDENTALE MEDITATION
Förderverein TM-Center Saarbrücken-Stadt,
Udo Redlich, Heidenkopferdell 28,
D-6600 Saarbrücken, Telefon: (0681) 61 459.

Saarland:
TRANSZENDENTALE MEDITATION, Astrid Werhahn,
Am Sonnenhügel 1, Telefon: (06898) 29 45 67,
D-6620 Völklingen.

Vorderpfalz:
TM-Center
D-6712 Bobenheim-Roxheim, Telefon: (06239) 6390,
D-6710 Frankenthal, Telefon: (06233) 63 114,
D-6713 Bad Dürkheim/Freinsheim, Telefon: (06353) 8011

West-Pfalz:
TRANSZENDENTALE MEDITATION
Lehrinstitut Kaiserslautern-Waldfischbach e.V.
D-6750 Kaiserslautern, Telefon: (0631) 61 235,
D-6757 Waldfischbach, Telefon: (06333) 54 59,
D-6781 Leimen, Telefon: (06397) 363.

Mannheim:
TRANSZENDENTALE MEDITATION, Wolfgang Spohr,
Weinheimer Str. 94, Telefon: (06204) 79 811,
D-6806 Viernheim.

Stuttgart:

TRANSZENDENTALE MEDITATION, Sabine Mehlhorn,
Spittelberg 1, Telefon: (07181) 82 770,
D-7067 Plüderhausen.

Heilbronn:

TRANSZENDENTALE MEDITATION,
Elke Bökeler, Panoramaweg 22,
Telefon:: (07131) 48 47 81 oder 42 826 (May),
D-7100 Heilbronn.

Heilbronn:

Lehrinstitut für TRANSZENDENTALE MEDITATION
Zehentgasse 25, Telefon: (07131) 80 387,
D-7100 Heilbronn.

Öhringen:

TRANSZENDENTALE MEDITATION
Lehrinstitut Öhringen e.V., Rosemarie Theurer,
Röntgenstr. 28, Telefon: (07941) 3233,
D-7110 Öhringen.

Öhringen - Ohrnberg:

Lehrinstitut für TRANSZENDENTALE MEDITATION
Ingeborg Oetinger, Ruckhardtshauser Str. 7,
D-7110 Öhringen-Ornberg, Telefon (07948) 755.

Esslingen:

Gesellschaft für TRANSZENDENTALE MEDITATION
Esslingen e.V. Urbanstr. 19/1;
Postanschrift: Kastanienweg 31,
Telefon: (0711) 37 20 22,
D-7300 Esslingen.

Tübingen:

TRANSZENDENTALE MEDITATION, Inge Neumann, Scheefstr. 45, Telefon: (07071) 52 958, D-7400 Tübingen.

Tübingen-Land:

TRANSZENDENTALE MEDITATION, Iris u. Joachim Roller, Blumenstr. 7a, Telefon: (07472) 24 145 D-7401 Remmingsheim / Neustetten. (bis 30. Juli 1989).

Reutlingen:

TRANSZENDENTALE MEDITATION, Erhard Gehrke, Robert-Koch-Str. 21, Telefon: (07121) 47 422, D-7410 Reutlingen.

Karlsruhe:

TRANSZENDENTALE MEDITATION, Kuno Wörsching, Friedenstr. 22, Telefon: (0721) 81 28 98, D-7500 Karlsruhe 1.

Baden-Baden:

TRANSZENDENTALE MEDITATION, Iris und Joachim Roller, Anton Fischer Str. 34, D-7560 Gaggenau-Sulzbach. (ab 1. August 1989).

Süddeutschland:

MAHARISHI Akademie für Vedische Wissenschaft, Breitenbrunnen 1, Telefon: (07841) 23 141, D-7595 Sasbachwalden.

Konstanz:

TRANSZENDENTALE MEDITATION, Lehrinstitut Konstanz, Peter Kneip, Peter Rosegger Weg 3, D-7750 Konstanz, Telefon: (07531) 33 123.

Lörrach:
TM-Center Lörrach, Elke und Klaus Aleff,
Tüllinger Str. 80 a, Telefon: (07621) 46 985,
D-7850 Lörrach.

Ulm:
TRANSZENDENTALE MEDITATION Lehrinstitut Ulm,
Riedleinweg 12, Telefon: (0731) 56 297,
D-7900 Ulm.

Biberach / Riß:
TRANSZENDENTALE MEDITATION
Verein zur Persönlichkeitsentfaltung,
Manlichstr. 19, Telefon: (07351) 24821 und 29313,
D-7951 Ummendorf.

Laupheim:
TRANSZENDENTALE MEDITATION
Lehrinstitut Laupheim, König-Wilhelm-Str. 27,
D-7958 Laupheim, Telefon: (07392) 36 11.

München:
TM-Lehrinstitut, Augustenstr. 79,
D-8000 München 2, Telefon: (089) 52 20 36.

Regensburg:
TRANSZENDENTALE MEDITATION, Institut für
Bewußtseinsentwicklung, Edith Kayser-Slevogt,
Prüfeninger Str. 3, Telefon: (0941) 22 712,
D-8400 Regensburg.

Bayerischer Wald:
TRANSZENDENTALE MEDITATION, Ziegelgasse 10,
D-8493 Kötzting, Telefon: (09941) 88 87.

Unterfranken:

TRANSZENDENTALE MEDITATION,
Maria u. Olaf Kratofiel,
Gartenweg 18, Telefon: (09771) 51 13,
D-8741 Hohenroth.

Augsburg:

TRANSZENDENTALE MEDITATION,
Lehrinstitut Augsburg, Maximilianstr. 12 / III,
Telefon: (0821) 39 734 und (08236) 12 68,
D-8900 Augsburg.

Landsberg (Lech):

TRANSZENDENTALE MEDITATION, Ludwig Schlampp,
Stoffener Str. 3, Telefon: (08191) 5200,
D-8910 Landsberg.